RECUEIL

DE

PIÈCES OFFICIELLES

SUR LES

AFFAIRES D'ORIENT.

PARIS.

SE VEND AU PALAIS-ROYAL, CHEZ TRESSE, LIBRAIRE,

ANCIENNE MAISON BARBA,

Derrière le Théâtre-Français.

—

1840.

RECUEIL

DE

PIÈCES OFFICIELLES

SUR LES

AFFAIRES D'ORIENT.

PARIS.

SE VEND AU PALAIS-ROYAL, CHEZ TRESSE, LIBRAIRE,

ANCIENNE MAISON BARBA,

Derrière le Théâtre-Français.

—

1840.

IMPRIMERIE D'EDOUARD PROUX,
Rue Neuve-des-Bons-Enfans, 3.

Tous les hommes sérieux qui s'occupent de politique et qui ont besoin de consulter le texte des pièces historiques, ont témoigné le désir, pour pouvoir fixer leur opinion sur les affaires d'Orient, d'avoir le recueil de tous les documens officiels et de toutes les pièces diplomatiques publiés tant dans les feuilles françaises que dans les gazettes étrangères, sur cette grave question, qui intéresse au plus haut point toute l'Europe et d'où va dépendre pour nous la paix ou la guerre. C'est surtout aux membres des deux Chambres, devant lesquels ces grands intérêts vont être débattus, que le recueil de pièces que nous publions devient indispensable. MM. les Pairs et les Députés appelés à résoudre les difficultés de la situation actuelle, seront sans doute bien aises, pour s'éclairer, de trouver réunies, dans un seul recueil, toutes les pièces officielles, depuis le traité d'Unkiar-Skelessi jusqu'à la dernière réponse de lord Palmerston, qu'ils seraient obligés d'aller rechercher, éparses, depuis plusieurs mois, dans les journaux français, anglais et allemands.

RECUEIL

DE PIÈCES OFFICIELLES

SUR LES

AFFAIRES D'ORIENT.

TRAITÉ D'UNKIAR SKELESSI

*Conclu, le 8 juillet 1831, entre la Russie et la
Turquie.*

S. M. I. le très haut et très puissant empereur et autocrate
de toutes les Russies ; et S. H. le très haut et très puissant
empereur des Ottomans, également animés du sincère désir
de maintenir le système de paix et de bonne harmonie heureusement établi entre les deux empires, ont résolu d'é-
tendre et de fortifier la parfaite amitié et la confiance qui
règnent entre eux, par la conclusion d'un traité d'alliance
défensive ;

En conséquence LL. MM. ont choisi et nommé pour leurs
plénipotentiaires, savoir :

S. M. l'empereur de toutes les Russies, les très excellens
et très honorables le sieur Alexis comte Orloff, son ambassadeur extraordinaire près la sublime Porte-Ottomane, etc. ;

Et le sieur Apollinaire Bouteneff, son envoyé extraordi-

1

naire et ministre plénipotentiaire près la sublime Porte-Ottomane, etc., etc. ;

Et S. H. le sultan des Ottomans, le très illustre et très excellent le plus ancien de ses visirs, Hossew-Méhémet-Pacha, séraskier commandant en chef des troupes de ligne régulières, et gouverneur-général de Constantinople, etc.;

Les très excellens et très honorables Fezzi-Achmet-Pacha, mouchir et commandant de la garde de S. H., etc.;

Et Haji-Méhémet-Akif-Effendi, reis-effendi actuel, etc. ;

Lesquels, après avoir échangé leurs pleins pouvoirs, trouvés en bonne et due forme, sont convenus des articles suivans :

ARTICLE PREMIER.

Il y aura à jamais paix, amitié et alliance entre S. M. l'empereur de toutes les Russies et S. M. l'empereur des Ottomans, leurs empires et leurs sujets, tant sur terre que sur mer. Cette alliance ayant uniquement pour objet la défense commune de leurs Etats contre tout empiètement, LL. MM. promettent de s'entendre sans réserve sur tous les objets qui concernent leurs tranquillité et sûreté respectives, et de se prêter mutuellement à cet effet des secours matériels et l'assistance la plus efficace.

ART. 2.

Le traité de paix conclu à Andrinople le 2 septembre 1829, ainsi que tous les autres traités qui y sont compris, de même aussi la convention signée à Saint-Pétersbourg le 14 avril 1830, et l'arrangement conclu à Constantinople le 9 (21) juillet 1832, relatif à la Grèce, sont confirmés dans toute leur teneur par le présent traité d'alliance défensive, comme si lesdites transactions y avaient été insérées mot pour mot.

ART. 3.

En conséquence du principe de conservation et de défense mutuelle qui sert de base au présent traité d'alliance, et par suite du plus sincère désir d'assurer la durée, le maintien et l'entière indépendance de la sublime Porte; S. M. l'empereur de toutes les Russies, dans le cas où les circonstances qui pourraient déterminer de nouveau la sublime Porte à réclamer l'assistance navale et militaire de la Russie, viendraient à se présenter, quoique ce cas ne soit nullement à prévoir, s'il plaît à Dieu, promet de fournir par terre et par mer autant de troupes et de forces que les deux hautes parties contractantes le jugeraient nécessaire. D'après cela il est convenu qu'en ce cas les forces de terre et de mer, dont la sublime Porte réclamerait le secours, seront tenues à sa disposition.

ART. 4.

Selon ce qui a été dit plus haut, dans le cas où l'une des deux puissances aura réclamé l'assistance de l'autre, les frais seuls d'approvisionnement pour les forces de terre et de mer qui seraient fournis tomberont à la charge de la puissance qui aura demandé le secours.

ART. 5.

Quoique les deux hautes parties contractantes soient sincèrement intentionnées de maintenir cet engagement jusqu'au terme le plus éloigné, comme il se pourrait que dans la suite les circonstances exigeassent qu'il fût apporté quelques changemens à ce traité, on est convenu de fixer sa durée à huit ans, à dater du jour de l'échange des ratifications impériales. Les deux parties, avant l'expiration de ce terme, se concerteront, suivant l'état où seront les choses à cette époque, sur le renouvellement dudit traité.

ART. 6.

Le présent traité d'alliance défensive sera ratifié par les deux hautes parties contractantes, et les ratifications en seront échangées à Constantinople dans le terme de deux mois, ou plus tôt si faire se peut. Le présent traité, contenant six articles, et auquel il sera mis la dernière main par l'échange des ratifications respectives, ayant été arrêté entre nous, nous l'avons signé et scellé de nos sceaux, en vertu de nos pleins pouvoirs, et délivré en échange contre un autre pareil, entre les mains des plénipotentiaires de la sublime Porte-Ottomane.

Fait à Constantinople, le 26 juin, l'an 1833 (le 20 de la lune de Safer, l'an 1249 de l'hégire).

Signé, Comte ALEXIS ORLOFF. (*L. S.*)

A. BOUTENEFF. (*L. S.*)

ARTICLE ADDITIONNEL

Du Traité d'alliance conclu entre la Russie et la Turquie, le 8 juillet 1833.

En vertu d'une des clauses de l'art. 1er du traité patent d'alliance défensive conclu entre la Porte et la cour impériale de Russie, les deux hautes parties contractantes sont tenues de se prêter mutuellement des secours matériels et l'assistance la plus efficace pour la sûreté de leurs Etats respectifs. Néanmoins, comme S. M. l'empereur de toutes les Russies, voulant épargner à la sublime Porte la charge et les embarras qui résulteraient pour elle de la prestation d'un secours matériel, ne demandera pas ce secours si les circonstances mettaient la sublime Porte dans l'obligation de le fournir, *la sublime Porte-Ottomane, à la place du secours qu'elle doit prêter au besoin d'après le principe de réciprocité du traité patent, devrait borner son action, en faveur de la cour impériale de Russie, à fermer le détroit des Dardanelles, c'est à dire à ne permettre à aucun bâtiment de guerre étranger d'y entrer sous aucun prétexte quelconque.*

Le présent article, séparé du décret, aura la même force et valeur que s'il était inséré mot à mot dans le traité d'alliance défensive de ce jour.

Fait à Constantinople, le 26 juin, l'an 1833 (le 20 de la lune de Safer, l'an 1249 de l'hégire).

Signé, Comte ALEXIS ORLOFF. (*L. S.*)
A. BOUTENEFF. (*L. S.*)

CONVENTION

Conclue entre les cours de la Grande-Bretagne, d'Autriche, de Prusse et de Russie, d'une part, et de la Sublime Porte-Ottomane, de l'autre, pour la pacification du Levant, signée à Londres le 15 juillet 1840.

Au nom de Dieu très miséricordieux,

Sa Hautesse le sultan ayant eu recours à Leurs Majestés la reine du royaume uni de la Grande-Bretagne et d'Irlande, l'empereur d'Autriche, roi de Hongrie et de Bohême, le roi de Prusse et l'empereur de toutes les Russies, pour réclamer leur appui et leur assistance au milieu des difficultés dans lesquelles il se trouve placé par suite de la conduite hostile de Méhémet-Ali, pacha d'Egypte, difficultés qui menacent de porter atteinte à l'intégrité de l'empire ottoman et à l'indépendance du trône du sultan, Leursdites Majestés, réunies par le sentiment d'amitié qui subsiste entre elles et le sultan, animées du désir de veiller au maintien de l'intégrité et de l'indépendance de l'empire ottoman, dans l'intérêt de l'affermissement de la paix de l'Europe, fidèles à l'engagement qu'elles ont contracté par la note remise à la Porte par leurs représentans à Constantinople, le 27 juillet 1839, et désirant de plus prévenir l'effusion du sang qu'occasionnerait la continuation des hostilités qui ont récemment éclaté en Syrie entre les autorités du pacha et les sujets de Sa Hautesse ;

Leursdites Majestés et Sa Hautesse le sultan ont résolu, dans le but susdit, de conclure entre elles une convention, et ont nommé à cet effet pour leurs plénipotentiaires, savoir :

Sa Majesté la reine du royaume uni de la Grande-Bretagne et d'Irlande, le très honorable Henri-Jean vicomte Palmerston, baron Temple, pair d'Irlande, conseiller de Sa Majesté britannique en son conseil privé, chevalier grand'croix du très honorable ordre du Bain, membre du parlement, et son principal secrétaire d'Etat ayant le département des affaires étrangères ;

Sa Majesté l'empereur d'Autriche, roi de Hongrie et de Bohême, le sieur Philippe, baron de Nieuman, commandant de l'ordre de Léopold d'Autriche, décoré de la croix pour le mérite civil, commandeur des ordres de la Tour et de l'Epée de Portugal, de la croix du Sud de Brésil, chevalier grand'croix de l'ordre de Saint-Stanislas de seconde classe de Russie, son conseiller aulique et plénipotentiaire près Sa Majesté Britanique ;

Sa Majesté le roi de Prusse, le sieur Henri-Guillaume baron de Bulow, chevalier de l'Aigle-Rouge de première classe de Russie, grand'croix de l'ordre de Léopold d'Autriche et de Guelph de Hanovre, chevalier grand'croix de l'ordre de Saint-Stanislas de seconde classe, et de Saint-Wladimir de quatrième classe de Russie, commandeur de l'ordre du Faucon de Saxe Weimar, son chambellan, conseiller intime, envoyé actuel extraordinaire et ministre plénipotentiaire près Sa Majesté Britannique ;

Sa Majesté l'empereur de toutes les Russies, le sieur Philippe baron de Brunow, chevalier de l'ordre de Sainte-Anne de première classe, de Saint-Stanislas de première classe, de

Saint-Wladimir de troisième classe, commandeur de l'ordre de Saint-Etienne de Hongrie, chevalier de l'Aigle-Rouge et de Saint-Jean de Jérusalem, son conseiller privé, envoyé extraordinaire et ministre plénipotentiaire près Sa Majesté Britannique;

Et Sa Majesté le très majestueux, très puissant et très magnifique sultan Abdul-Medjid, empereur des Ottomans, Chekib effendi, décoré du Nichan-Iftechar de première classe, beylikdgi du divan impérial, conseiller honoraire du département des affaires étrangères, son ambassadeur extraordinaire près Sa Majesté Britannique;

Lesquels, s'étant réciproquement communiqué leurs pleins pouvoirs trouvés en bonne et due forme, ont arrêté et signé les articles suivans :

ARTICLE PREMIER.

Sa Hautesse le sultan s'étant entendu avec Leurs Majestés la reine du royaume uni de la Grande-Bretagne et d'Irlande, l'empereur d'Autriche, roi de Hongrie et de Bohême, le roi de Prusse et l'empereur de toutes les Russies, sur les conditions de l'arrangement qu'il est de l'intention de Sa Hautesse d'accorder à Méhémet-Ali, lesquelles conditions se trouvent spécifiées dans l'acte séparé ci-annexé, Leurs Majestés s'engagent à agir dans un parfait accord et d'unir leurs efforts pour déterminer Méhémet-Ali à se conformer à cet arrangement, chacune des hautes parties contractantes se réservant de coopérer à ce but selon les moyens d'action dont chacune d'elles peut disposer.

ART. 2.

Si le pacha d'Egypte refusait d'adhérer au susdit arrangement, qui lui sera communiqué par le sultan avec le concours de Leursdites Majestés, celles-ci s'engagent à prendre, à la réquisition du sultan, des mesures concertées et arrêtées entre elles, afin de mettre cet arrangement à exécution. Dans l'intervalle ayant invité ses alliés à se joindre à lui pour l'aider à interrompre la communication par mer entre l'Egypte et la Syrie, et empêcher l'expédition de troupes, chevaux, armes, munitions et approvisionnemens de guerre de tout genre d'une de ces provinces à l'autre, Leurs Majestés la reine du royaume uni de la Grande-Bretagne et d'Irlande, et l'empereur d'Autriche, roi de Hongrie et de Bohême, s'engagent à donner immédiatement à cet effet les ordres nécessaires aux commandans de leurs forces navales dans la Méditerranée; Leursdites Majestés promettant en outre que les commandans de leurs escadres, selon les moyens dont ils disposent, donneront, au nom de l'alliance, tout l'appui et toute l'assistance en leur pouvoir à ceux des sujets du Sultan qui manifesteront leur fidélité et obéissance à leur souverain.

ART. 3.

Si Méhémet-Ali, après s'être refusé de se soumettre aux conditions de l'arrangement mentionné ci-dessus, dirigeait sns forces de terre ou de mer vers Constantinople, les hautes parties contractantes, sur la réquisition qui en serait faite par le Sultan à leurs représentans à Constantinople, sont convenues, le cas échéant, de se rendre à l'invitation de ce souverain, et de pourvoir à la défense de son trône au moyen d'une coopération concertée en commun, dans le but de mettre les deux détroits du Bosphore et des Dardanelles, ainsi que la capitale de l'empire ottoman, à l'abri de toute agression. Il est en outre convenu que les forces qui, en vertu d'une pareille atteinte, recevront la destination indiquée ci-dessus, y resteront employées aussi longtemps que leur présence sera requise par le Sultan; et lorsque Sa Hautesse jugera que leur présence aura cessé d'être nécessaire, lesdites forces se retireront simultanément et rentreront respectivement dans la mer Noire et la Méditerranée.

ART. 4.

Il est toutefois expressément entendu que la coopération mentionnée dans l'article précédent, et destinée à placer temporairement les détroits des Dardanelles et du Bosphore et la capitale ottomane sous la sauve-garde des hautes parties contractantes contre toute agression de Méhémet-Ali, ne sera considérée que comme une mesure exceptionnelle adoptée à la demande expresse du Sultan, et uniquement pour sa défense dans le cas seul indiqué ci-dessus. Mais il est convenu que cette mesure ne dérogera en rien à l'ancienne règle de l'empire ottoman, en vertu de laquelle il a été de tout temps défendu aux bâtimens de guerre des puissances étrangères l'entrée dans les détroits des Dardanelles et du Bosphore ; et le Sultan, d'une part, déclare par le présent acte, qu'à l'exception de l'éventualité ci-dessus mentionnée, il a la ferme résolution de maintenir à l'avenir ce principe invariablement établi comme ancienne règle de son empire, et, tant que la Porte se trouve en paix, de n'admettre aucun bâtiment de guerre étranger dans les détroits du Bosphore et des Dardanelles ; d'autre part, LL. MM. la reine du royaume uni de la Grande-Bretagne et d'Irlande, l'empereur d'Autriche, roi de Hongrie et de Bohême, le roi de Prusse et l'empereur de toutes les Russies, s'engagent à respecter cette détermination du Sultan, et à se conformer au principe ci-dessus énoncé.

ART. 5.

La présente convention sera ratifiée, et les ratifications en seront échangées à Londres dans l'espace de deux mois, ou plus tôt si faire se peut.

En foi de quoi les plénipoténtiaires respectifs l'ont signée et y ont apposé les sceaux de leurs armes.

Fait à Londres, le 15 Juillet, l'an de grâce 1840.

PALMERSTON.   [CHEKIB.]
NIEUMAN.
BULOW.
BRUNOW.

———

ACTE SÉPARÉ

A la convention conclue à Londres, le 15 Juillet, entre les cours de la Grande-Bretagne, d'Autriche, de Prusse et de Russie d'une part; et la Sublime Porte-Ottomane de l'autre.

ARTICLE PREMIER.

Sa Hautesse le Sultan a l'intention d'accorder et de faire notifier à Méhémet-Ali les conditions de l'arrangement ci-dessous :

Sa Hautesse promet d'accorder à Méhémet-Ali, pour lui et ses descendans en ligne directe, l'administration du Pacha-lik d'Egypte; et Sa Hautesse promet, en outre, d'accorder à Méhémet-Ali, sa vie durant, avec le titre de Pacha d'Acre, et avec le commandement de la forteresse de Saint-Jean d'Acre, l'administration de la partie méridionale de la Syrie, dont les limites seront déterminées par la ligne de démarcation suivante :

Cette ligne, partant du Cap Ras-el-Nakhora sur les côtes de la Méditerranée, s'étendra de là directement jusqu'à l'embouchure de la rivière Seisaban, extrémité septentrionale de la Tiberias, longera la côte occidentale dudit lac, suivra la rive droite du fleuve Jourdain et la côte occidentale de la mer Morte, se prolongera de là en droiture jusqu'à la mer Rouge, en aboutissant à la pointe septentrionale du golfe d'Akaba, et suivra la côte occidentale du golfe d'Akaba, et la côte occidentale du golfe Suez jusqu'à Suez.

Toutefois le Sultan, en faisant ces offres, y attache la condition que Méhémet-Ali les accepte dans l'espace de dix jours après que la communication en aura été faite par un agent de Sa Hautesse, et qu'en même temps Méhémet-Ali dépose entre les mains de cet agent les instructions nécessaires aux commandans de ses forces de terre et de mer, de se retirer immédiatement de l'Arabie et de toutes les villes saintes qui s'y trouvent situées, de l'île de Candie, du district d'Adana et de toutes les autres parties de l'empire ottoman qui ne sont pas comprises dans les limites de l'Égypte, et dans celles du pachalik d'Acre tel qu'il a été désigné ci-dessus.

ART. 2.

Si, dans le délai de dix jours fixé ci-dessus, Méhémet-Ali n'accepte point le susdit arrangement, le Sultan retirera alors son offre de l'administration viagère du pachalik d'Acre, mais Sa Hautesse consentira encore à accorder à Méhémet-Ali, pour lui et ses descendans en ligne directe, l'administration du pachalik d'Égypte, pourvu que cette offre soit acceptée dans l'espace des dix jours suivans, c'est à dire dans un délai de vingt jours, à compter du jour où la communication lui aura été faite, et pourvu qu'il dépose également ment entre les mains de l'agent du Sultan les instructions nécessaires pour ses commandans de terre et de mer de se retirer immédiatement en dedans des limites et dans les ports du pachalik d'Égypte.

ART. 3.

Le tribut annuel à payer au Sultan par Méhémet-Ali sera proportionné au plus ou moins de territoire dont ce dernier obtiendra l'administration, selon qu'il accepte le premier ou le second ultimatum.

ART. 4.

Il est expressément entendu, de plus, dans la première comme dans la seconde alternative, que Méhémet-Ali (avant l'expiration du terme fixé de dix ou vingt jours) sera tenu de remettre la flotte turque, avec tous ses équipages et armemens, entre les mains du préposé turc qui sera chargé de la recevoir : les commandans des escadres alliées assisteront à cette remise.

Il est entendu que, dans aucun cas, Méhémet-Ali ne pourra porter en compte ni déduire du tribut à payer au Sultan les dépenses pour entretien de la flotte ottomane pendant tout le temps qu'elle sera restée dans les ports de l'Égypte.

ART. 5.

Tous les traités et toutes les lois de l'empire ottoman s'appliquent à l'Égypte et au pachalik d'Acre, ainsi qu'il a été désigné ci-dessus, comme à toute autre partie de l'empire ottoman ; mais le sultan consent qu'à condition du paiement régulier du tribut sus-mentionné, Méhémet-Ali et ses descendans perçoivent, au nom du Sultan et comme délégué de Sa Hautesse, dans les provinces dont l'administration leur sera confiée ; il est entendu en outre que, moyennant la perception des taxes et impôts susdits, Méhémet-Ali et ses descendans pourvoieront à toutes les dépenses d'administration civile et militaire desdites provinces.

ART. 6.

Les forces de terre et de mer que pourra obtenir le pacha d'Égypte et d'Acre, faisant partie des forces de l'empire ottoman, seront toujours considérées comme entretenues pour le service de l'État.

ART. 7.

Le présent acte séparé aura la même force et valeur que s'il était inséré mot à mot dans la convention de ce jour : il sera ratifié, et les ratifications en seront échangées à Londres en même temps que celles de ladite convention.

En foi de quoi les plénipotentiaires respectifs l'ont signée et y ont apposé les sceaux de leurs armes.

Fait à Londres, le 15 juillet, l'an de grâce 1840.

PALMERSTON.   [CHEKIB.]

NEUMAN.

BULOW.

BRUNOW.

PROTOCOLE

Signé à Londres par les plénipotentiaires de Leurs Majestés, etc., le 15 juillet 1840.

En apposant sa signature à la convention de ce jour, le plénipotentiaire de la Sublime Porte-Ottomane a déclaré :

Qu'en constatant, par l'article 4 de ladite convention, l'ancienne règle de l'empire ottoman, en vertu de laquelle il est défendu de tout temps aux bâtimens de guerre étrangers d'entrer dans les détroits des Dardanelles et du Bosphore, la Sublime Porte se réserve comme par le passé de livrer des firmans aux bâtimens légers sous pavillon de guerre, lesquels sont employés selon l'usage au service de la correspondance des puissances amies,

Les plénipotentiaires des cours de Grande-Bretagne, etc., ont pris note de la présente déclaration pour la porter à la connaissance de leurs cours.

Signé,   PALMERSTON.
NIEUMAN.
BULOW.
BRUNOW.

PROTOCOLE RÉSERVÉ

Signé à Londres, le 15 juillet 1840, par les plénipotentiaires des cours de la Grande-Bretagne, etc.

Les plénipotentiaires des cours de la Grande-Bretagne, etc., ayant, en vertu de leurs pleins pouvoirs, conclu et signé en ce jour une convention entre leurs souverains respectifs pour la pacification du Levant ;

Considérant que, vu la distance qui sépare les capitales de leurs cours respectives, un certain espace de temps devra s'écouler nécessairement avant que l'échange des ratifications de ladite convention puisse s'effectuer et que des ordres fondés sur cet acte puissent être mis à exécution ;

Et lesdits plénipotentiaires étant profondément pénétrés de la conviction que, vu l'état actuel des choses en Syrie, les intérêts d'humanité aussi bien que les graves considérations de politique européenne qui constituent l'objet des sollicitudes communes des puissances signataires de la convention de ce jour, réclament impérieusement d'éviter autant que possible tout retard dans l'accomplissement de la pacification que ladite transaction est destinée à atteindre ;

Lesdits plénipotentiaires, en vertu de leurs pleins pouvoirs, sont convenus entre eux que les mesures préliminaires mentionnées en l'article 2 de ladite convention, seront mises à exécution *tout de suite*, et sans attendre l'échange des ratifications, consentant formellement, par le présent acte et avec l'assentiment de leurs cours, à l'exécution immédiate de ces mesures.

Il est convenu en outre entre lesdits plénipotentiaires, que Sa Hautesse le Sultan procèdera de suite à adresser à Méhémet-Ali la communication et les offres spécifiées dans l'acte séparé annexé à la convention de ce jour.

Il est convenu de plus que les agens consulaires de la Grande-Bretagne, d'Autriche, de Prusse et de Russie, se mettront en rapport avec l'agent que le sultan y enverra pour adresser à Méhémet-Ali la communication et les offres sus-mentionnées ; que lesdits consuls porteront à cet agent toute l'assistance et tout l'appui en leur pouvoir, et qu'ils emploieront tous leurs moyens d'influence auprès de Méhémet-Ali, à l'effet de le déterminer d'accepter l'arrangement qui lui sera proposé par ordre de Sa Hautesse le Sultan.

Les amiraux des escadres respectives dans la Méditerranée recevront les instructions nécessaires pour se mettre en communication à ce sujet avec lesdits consuls.

PALMERSTON.
NIEUMAN.
BULOW.
BRUNOW.

MEMORANDUM

Adressé à lord Palmerston par M. Guizot, le 24 Juillet 1840.

« La France a toujours désiré, dans l'affaire d'Orient, marcher d'accord avec la Grande-Bretagne, l'Autriche, la Prusse et la Russie. Elle n'a jamais été mue dans sa conduite que par l'intérêt de la paix. Elle n'a jamais jugé les propositions qui lui ont été faites que d'un point de vue général, et jamais du point de vue de son intérêt particulier, car aucune puissance n'est plus désintéressée qu'elle en Orient. Jugeant de ce point de vue, elle a considéré comme mal conçus tous les projets qui avaient pour but d'arracher à Méhémet-Ali, par la force des armes, les portions de l'empire turc qu'il occupe actuellement. La France ne croit pas cela bon pour le Sultan, car on tendrait ainsi à lui donner ce qu'il ne pourrait ni administrer ni conserver. Elle ne le croit pas bon non plus pour la Turquie en général, et pour le maintien de l'équilibre européen ; car on affaiblirait, sans profit pour le suzerain, un vassal qui pourrait aider puissamment à la commune défense de l'empire. Toutefois, ce n'est là qu'une question de système sur laquelle il peut exister beaucoup d'avis divers. Mais la France s'est surtout prononcée contre tout projet dont l'adoption devait entraîner l'emploi de la force, parce qu'elle ne voyait pas distinctement les moyens dont les cinq puissances pouvaient disposer.

» Ces moyens lui semblaient ou insuffisans, ou plus funestes que l'état des choses auquel on voulait porter remède. Ce qu'elle pensait à ce sujet, la France le pense encore, et elle a quelques raisons de croire que cette opinion n'est pas exclusivement la sienne. Du reste, on ne lui a adressé, dans les dernières circonstances, aucune proposition positive sur laquelle elle eût à s'expliquer. Il ne faut donc pas imputer à des refus, qu'elle n'a pas été en mesure de faire, la détermination que l'Angleterre lui communique au nom des quatre puissances. Mais au surplus, sans insister sur la question que pourrait faire naître cette manière de procéder à son égard, la France le déclare de nouveau, elle considère, comme peu prudente, une conduite qui consistera à prendre des résolutions sans moyen de les exécuter, ou à les exciter par des moyens insuffisans ou dangereux. L'insurrection de quelques populations du Liban est sans doute l'occasion qu'on a cru pouvoir saisir pour y trouver les moyens d'exécution qui jusques là ne s'étaient pas montrés. Est-ce un moyen bien avouable, et surtout bien utile à l'empire turc, d'agir ainsi contre le vice-roi ? On veut rétablir un peu d'ordre et d'obéissance dans toutes les parties de l'empire, et l'on y fomente des insurrections ! On ajoute de nouveaux désordres à ce désordre déjà général que toutes les puissances déplorent dans l'intérêt de la paix. Et ces populations, réussirait-on à les soumettre à la Porte après les avoir soulevées contre le vice-roi ? Toutes ces questions, on ne les a certainement pas résolues. Mais si cette insurrection est comprimée, si le vice-roi est de nouveau possesseur assuré de la Syrie, s'il n'en est que plus irrité, plus difficile à persuader, et qu'il réponde aux sommations par des refus positifs, quels sont les moyens des quatre puissances ? Assurément, après avoir employé une année à les chercher, on ne les aura pas découverts récemment, et on aura créé soi-même un nouveau danger, le plus grave de tous.

» Le vice-roi, excité par les moyens employés contre lui, le vice-roi, que la France avait contribué à retenir, peut passer le Taurus et menacer de nouveau Constantinople. Que feront encore les quatre puissances dans ce cas? Quelle sera la manière de pénétrer dans l'empire pour y secourir le Sultan? La France pense qu'on a préparé là, pour l'indépendance de l'empire ottoman et pour la paix générale, un danger plus grave que celui dont les menaçait l'ambition du vice-roi. Si toutes ces éventualités, conséquence de la conduite qu'on va tenir, n'ont pas été prévues, alors les quatre puissances se seraient engagées dans une voie bien obscure et bien périlleuse. Si, au contraire, elles ont été prévues, et si les moyens d'y faire face ont été arrêtés, alors quatre puissances en doivent la connaissance à l'Europe, et surtout à la France qui s'est toujours associée au but commun, à la France dont encore aujourd'hui elles réclament le concours moral, dont elles invoquent l'influence à Alexandrie. Le concours moral de la France dans une conduite commune était une obligation de sa part; il n'en est plus une dans la nouvelle situation où semblent vouloir se placer les puissances. La France ne peut plus être mue désormais que par ce qu'elle doit à la paix et ce qu'elle se doit à elle-même. La conduite qu'elle tiendra dans les graves circonstances où les quatre puissances viennent de placer l'Europe, dépendra de la solution qui sera donnée à toutes les questions qu'elle vient d'indiquer. Elle aura toujours en vue la paix et le maintien de l'équilibre actuel entre les états de l'Europe. Tous ces moyens seront consacrés à ce double but. »

MEMORANDUM

De lord Palmerston, en réponse au Memorandum de M. Guizot.

« Foreign-Office, 31 août 1840.

« Monsieur,

» Différentes circonstances m'ont empêché de vous transmettre plus tôt, et, par votre entremise, au gouvernement français, quelques observations que le gouvernement de S. M. désire faire sur le *Memorandum* qui m'a été remis le 24 juillet par l'ambassadeur de France à cette cour, en réponse au *Memorandum* que j'avais remis à S. Exc. le 17 du même mois; mais actuellement je viens remplir cette tâche.

» C'est avec une grande satisfaction que le gouvernement de S. M. a remarqué *le ton amical* du *Memorandum* français, et les assurances qu'il contient du vif désir de la France de maintenir la paix et l'équilibre des puissances en Europe. Le *Memorandum* du 17 juillet a été conçu *dans un esprit tout aussi amical envers la France;* et le gouvernement de S. M. est tout aussi empressé (*anxious*) que la France peut l'être de conserver la paix de l'Europe, et de prévenir le moindre dérangement dans l'équilibre existant entre les puissances.

» Le gouvernement de S. M. a également vu avec plaisir

les déclarations contenues, dans le *Memorandum* français ,
portant que la France désire agir de concert avec les quatre
autres puissances en ce qui concerne les affaires du Levant ;
*qu'elle n'a jamais été poussée, dans ses questions, par
d'autres motifs que par le désir de maintenir la paix ;*
et que, dans l'opinion qu'elle s'est formée , *elle n'a jamais
été influencée par les intérêts particuliers* QUI LUI SONT
PROPRES, étant en fait aussi désintéressée que toute autre
puissance peut l'être dans les affaires du Levant.

» Les sentimens du gouvernement de S. M. sont sur ces
points à tous égards semblables à ceux du gouvernement
français et y correspondent entièrement ; car , en premier
lieu, dans tout le cours des négociations ouvertes sur cette
question pendant plus de douze mois , le désir empressé du
gouvernement britannique a été constamment qu'un concert
fût établi entre les cinq puissances, et que toutes cinq elles
accédassent à une ligne de conduite commune , et le gouvernement de S. M., sans devoir s'en référer, pour preuve
de ce désir , aux différentes propositions qui ont été faites de
temps en temps au gouvernement français et auquel il est
fait allusion dans le *Memorandum* de France , peut affirmer
sans crainte qu'aucune puissance de l'Europe ne peut être
moins influencée que ne l'est la Grande-Bretagne par des
vues particulières ou par tout désir et espérance d'avantages
exclusifs, qui naîtraient pour elle de la conclusion des affaires
du Levant ; bien au contraire , l'intérêt de la Grande-Bretagne dans ces affaires s'identifie avec celui de l'Europe en
général , et se trouve placé dans le maintien de l'intégrité et
de l'indépendance de l'empire ottoman, comme étant une
sécurité pour la conservation de la paix et un élément essentiel de l'équilibre général des puissances.

» C'est à ces principes que le gouvernement français a
promis son plein concours et qu'il l'a offert dans plus d'une
circonstance , et spécialement dans une dépêche du maréchal

Soult, en date du 17 juillet 1839, dépêche qui a été communiquée officiellement aux quatre puissances; il l'a encore offert dans une note collective du 27 juillet 1839, et dans le discours du roi des Français aux Chambres en décembre 1839.

» Dans ces documens, le gouvernement français fait connaître sa détermination de maintenir l'intégrité et l'indépendance de l'empire ottoman sous sa dynastie actuelle, comme un élément essentiel de l'équilibre des puissances, comme une sûreté pour la conservation de la paix, et, dans une dépêche du maréchal Soult, il a également assuré que sa résolution était de repousser par tous ses moyens *d'action* et d'influence toute combinaison qui pourrait être hostile au maintien de cette intégrité et de cette indépendance.

» En conséquence les gouvernemens de Grande-Bretagne et de France sont parfaitement d'accord, quant aux objets vers lesquels leur politique, en ce qui concerne les affaires d'Orient, doit tendre, et quant aux principes fondamentaux d'après lesquels cette politique doit être guidée; la seule différence qui existe entre les deux gouvernemens, est une différence d'opinion, quant aux moyens qu'ils jugent les plus propres pour atteindre cette fin commune; point sur lequel, ainsi que l'observe le *Memorandum* français, on peut naturellement s'attendre à voir se rencontrer différentes opinions.

» Sur ce point il s'est élevé, en effet, une grande différence d'opinion entre les deux gouvernemens, différence qui semble être devenue plus forte et plus prononcée (*wider and mor confirmed*) à mesure que les deux gouvernemens ont plus complètement expliqué leurs vues respectives, ce qui, pour le moment, a empêché les deux gouvernemens d'agir de concert pour atteindre le but commun.

» D'un côté, le gouvernement de S. M. a manifesté à diverses reprises l'opinion qu'il serait impossible de maintenir l'intégrité de l'empire turc et de conserver l'indépendance du

trône du Sultan, si Méhémet-Ali devait être laissé en possession de la Syrie. Le gouvernement de S. M. a établi qu'il
considère la Syrie comme la clé militaire de la Turquie asia-
tique, et que si Méhémet-Ali devait continuer à occuper
cette province, outre l'Égypte, il pourrait en tout temps
menacer Bagdad du côté du midi, Liarbekir et Erzeroum du
côté de l'est, Koniah, Brousse et Constantinople du côté du
nord ; que le même esprit ambitieux, qui a poussé Méhémet-
Ali, en d'autres circonstances, à se révolter contre son souverain, le porterait bientôt derechef à prendre les armes pour
de nouveaux envahissemens, et que dans ce but il conserve-
rait toujours une grande armée sur pied ; que le Sultan,
d'un autre côté, devrait être continuellement en garde contre le danger qui le menacerait, et serait également obligé
de rester armé ; qu'ainsi le Sultan et Méhémet-Ali continue-
raient d'entretenir de fortes armées pour s'observer l'un
l'autre ; qu'une collision devrait nécessairement éclater par
suite de ces continuels soupçons et de ces alarmes mutuelles,
quand même il n'y aurait, d'un côté, une agression prémé-
ditée ; que toute collision de ce genre devrait nécessairement
conduire à une intervention étrangère dans l'intérieur de
l'empire turc, et qu'une telle intervention, ainsi provoquée,
conduirait aux plus sérieux dissentimens (*différences*) entre
les puissances de l'Europe.

» Le gouvernement de S. M. a signalé comme probable,
sinon comme certain, un danger plus grand que celui-ci,
en conséquence de l'occupation continue de la Syrie par
Méhémet-Ali, à savoir que le pacha, se fiant sur sa force
militaire et fatigué de sa position politique de sujet, exécu-
terait une intention qu'il a franchement avouée aux puissances d'Europe qu'il n'abandonnerait jamais, et se déclarerait
lui-même indépendant. Une pareille déclaration de sa part
serait incontestablement le démembrement de l'empire ottoman, et, ce qui plus est, ce démembrement pourrait arriver.

dans des circonstances telles qu'elles rendraient plus difficile aux puissances d'Europe d'agir ensemble pour forcer le pacha à rétracter une pareille déclaration, qu'il ne l'est aujourd'hui de combiner leurs efforts pour le contraindre à évacuer la Syrie.

» Le gouvernement de S. M. a, en conséquence, invariablement prétendu que toutes les puissances qui désireraient conserver l'intégrité de l'empire turc et maintenir l'indépendance du trône du sultan, devaient s'unir pour aider ce dernier à rétablir son autorité directe en Syrie.

» Le gouvernement français, d'un autre côté, a avancé que Méhémet-Ali, une fois assuré de l'occupation permanente de l'Egypte, resterait un fidèle sujet et deviendrait le plus ferme soutien du Sultan; que le Sultan ne pourrait gouverner si le pacha n'était en possession de cette province, dont les ressources militaires et financières lui seraient alors d'une plus grande utilité que si elles étaient entre les mains du Sultan lui-même; qu'on peut avoir une confiance entière dans la sincérité du renoncement de Méhémet-Ali à toute vue ultérieure d'ambition, et dans ses protestations de dévoûment fidèle à son souverain; que le pacha est un vieillard, et qu'à sa mort, en dépit de tout don héréditaire fait à sa famille, l'ensemble de puissance qu'il a acquise retournerait au Sultan, parce que toutes possessions des pays mahométans, quelle que soit leur constitution (*tenure*), ne sont réellement autre chose que des possessions à vie.

» Le gouvernement français a, en outre, soutenu que Méhémet-Ali ne voudra jamais librement consentir à évacuer la Syrie, et que les seuls moyens dont les puissances d'Europe peuvent user pour le contraindre, seraient, ou bien des opérations sur mer, ce qui serait insuffisant, ou des opérations par terre, ce qui serait dangereux; que des opérations sur mer n'expulseraient pas les Egyptiens de la Syrie et exciteraient seulement Méhémet-Ali à diriger une attaque sur

Constantinople; et que les mesures auxquelles on pourrait avoir recours en pareil cas pour défendre la capitale , mais bien plus encore toute opération par terre par les troupes des puissances alliées pour expulser l'armée de Méhémet-Ali de la Syrie , deviendraient plus fatales à l'empire turc que ne pourrait l'être l'état de choses auquel ces mesures seraient destinées à remédier.

» A ces objections le gouvernement de S. M. répliqua qu'on ne pouvait faire aucun fond sur les protestations actuelles de Méhémet-Ali, que son ambition est insatiable et ne fait que s'accroître par le succès ; et que donner à Méhémet-Ali la faculté d'envahir et laisser à sa portée des objets de convoitise , ce serait semer des germes certains de nouvelles collisions ; que la Syrie n'est pas plus éloignée de Constantinople qu'un grand nombre de provinces bien administrées le sont, dans d'autres Etats, de leur capitale, et qu'elle peut être gouvernée de Constantinople tout aussi bien que d'Alexandrie ; qu'il est impossible que les ressources de cette province puissent être aussi utiles au Sultan entre les mains d'un chef, qui peut à tout moment tourner ses ressources contre ce dernier, qu'elles le seraient si elles étaient dans les mains et à la disposition du Sultan lui-même : qu'Ibrahim , ayant une armée sous ses ordres, avait le moyen d'assurer sa propre succession lors du décès de Méhémet-Ali , à tout pouvoir dont celui-ci serait en possession à sa mort ; et qu'il ne serait pas convenable que les grandes puissances conseillassent au Sultan de conclure un arrangement public avec Méhémet-Ali, avec l'intention secrète et éventuelle de rompre cet arrangement à la première occasion où cela pourrait être opportun.

» Néanmoins le gouvernement français maintint son opinion et refusa de prendre part à l'arrangement qui supposait (*included*) l'emploi de mesures coërcitives.

» Mais le *Memorandum* français établit que : « Dans les

»dernières circonstances, il n'a pas été fait à la France de
»propositions positives, sur lesquelles elle fût appelée à s'ex-
»pliquer, et que, conséquemment, la détermination que l'An-
»gleterre lui a communiquée dans le *Memorandum* du 17
»juillet, sans doute au nom des quatre puissances, ne devait
»pas être imputée à des refus que la France n'aurait pas
»faits. » Ce passage me force à vous rappeler en peu de
mots le cours général de la négociation.

» La première (*original*) opinion conclue par le gouvernement de S. M., et dont il fut donné connaissance aux quatre autres puissances, la France comprise, en juin 1839,
était que les seuls arrangemens entre le Sultan et Méhémet-
Ali qui pourraient assurer un état de paix permanent dans le
Levant, seraient ceux qui borneraient le pouvoir délégué à
Méhémet-Ali, à l'Egypte seule, et rétabliraient l'autorité directe du Sultan dans toute la Syrie, aussi bien à Candie que
dans toutes les villes saintes, en interposant ainsi le désert
entre la puissance directe du Sultan et la province dont l'administration resterait au pacha. Et le gouvernement de S. M.
proposa qu'en compensation de l'évacuation de la Syrie,
Méhémet-Ali reçût l'assurance que ses descendans mâles lui
succéderaient comme gouverneurs de l'Egypte, sous la suzeraineté du Sultan.

» A cette proposition, le gouvernement français fit des objections, en disant qu'un tel arrangement serait sans doute
le meilleur, s'il y avait moyen de le mettre à exécution;
mais que Méhémet-Ali résisterait, et que toute mesure de
violence que les alliés pourraient employer pour le faire
céder produirait des effets qui pourraient être plus dangereux pour la paix de l'Europe et pour l'indépendance de
la Porte, que ne pourrait l'être l'état actuel des choses
entre le sultan et Méhémet-Ali. Mais quoique le gouvernement français refusât ainsi d'accéder au plan de l'Angleterre, cependant, pendant un long espace de temps qui

s'écoula ensuite, il n'eut pas à proposer de plan qui lui fût propre.

» Cependant, en septembre 1839, le comte Sébastiani, ambassadeur français à la cour de Londres, proposa de tracer une ligne de l'est à l'ouest de la mer, à peu près vers Beyrouth, au désert près de Damas, et de déclarer que tout ce qui serait administré par Méhémet-Ali, et que tout ce qui serait au nord le serait par l'autorité immédiate du sultan, et l'ambassadeur de France donna à entendre au gouvernement de S. M. que si un pareil arrangement était admis par les cinq puissances, la France s'unirait, en cas de besoin, aux quatre puissances pour l'emploi des mesures coërcitives ayant pour but de forcer Méhémet-Ali à s'y soumettre.

» Mais je fis remarquer au comte Sébastiani qu'un pareil arrangement serait sujet, quoiqu'à un moindre degré, à toutes les objections qui s'appliquent à la position actuelle et relative des deux partis, et que par suite le gouvernement de S. M. ne pouvait y accéder. J'observai qu'il paraissait inconséquent, de la part de la France, de vouloir employer, pour forcer Méhémet-Ali à souscrire à un arrangement qui serait évidemment incomplet et insuffisant pour le but qu'on se proposait, des mesures coërcitives auxquelles elle se refusait, pour le contraindre à consentir à l'arrangement proposé par S. M., dont, aux yeux de la France même, l'exécution atteindrait entièrement le but proposé.

» A ce raisonnement, le comte Sébastiani répliqua que les objections avancées par le gouvernement français à employer des mesures coërcitives contre Méhémet-Ali, étaient fondées sur des considérations de régime intérieur (*domestics*), et que ces objections seraient écartées si le gouvernement français était en mesure de prouver à la nation et aux chambres qu'il avait obtenu pour Méhémet-Ali les meilleures conditions possibles et que celui-ci avait refusé d'accepter ces conditions.

» Cette insinuation n'ayant pas été admise par le gouvernement de S. M., le gouvernement français communiqua, le 27 septembre 1839 et officiellement, son propre plan qui était que Méhémet-Ali serait fait gouverneur héréditaire d'Égypte et de toute la Syrie, et gouverneur à vie de Candie, en ne donnant autre chose que l'Arabie et le district d'Adana. Le gouvernement français ne dit même pas, au reste, s'il savait que Méhémet-Ali voulût adhérer à cet arrangement, et il ne déclara pas non plus que s'il refusait d'y accéder la France prendrait des mesures coërcitives pour l'y contraindre.

» Évidemment le gouvernement de S. M. ne pouvait consentir à ce plan, qui était susceptible de plus d'objections que l'état de choses actuel, d'autant plus que, donner à Méhémet-Ali un titre légal et héréditaire au tiers de l'empire ottoman, qu'il n'occupe maintenant que par la force, c'eût été tout d'abord introduire un démembrement réel de l'empire. Mais le gouvernement de S. M., pour prouver son désir empressé d'en venir sur ces questions, à une entente avec la France, établit qu'il ferait céder son objection bien fondée à toute extension de pouvoir de Méhémet-Ali, au delà de l'Égypte, l'administration de la partie basse de la Syrie, bornée au nord par une ligne tirée du cap Carmel à l'extrémité méridionale du lac Tibérias, et par une ligne de ce point au golfe d'Akaba, pourvu que la France voulût s'engager à coopérer avec les quatre puissances aux mesures coërcitives, si Méhémet refusait cette offre.

» Mais cette proposition ne fut pas agréée par le gouvernement français, qui déclare maintenant ne pouvoir coopérer aux mesures coërcitives, ni participer à un arrangement auquel Méhémet-Ali ne voudrait pas consentir.

» Pendant le temps que ces discussions avaient lieu avec la France, une négociation séparée avait lieu entre l'Angleterre et la Russie, dont tous les détails et les transactions ont été portés à la connaissance de la France. La négociation avec la France fut suspendue pendant quelque temps, au commencement de cette année, 1° parce qu'on s'attendait à un changement de ministère, et 2° parce que ce changement eut lieu. Mais, au mois de mai, le baron de Neuman et moi-même, nous résolûmes, sur l'avis de nos gouvernemens respectifs, de faire un dernier effort avant d'engager la France à entrer dans le traité à conclure avec les quatre autres puissances, et nous soumîmes au gouvernement français, par l'entremise de M. Guizot, une autre proposition d'arrangement à intervenir entre le Sultan et Méhémet-Ali. Une objection mise en avant par le gouvernement français, aux dernières propositions de l'Angleterre fut que, bien qu'on voulût donner à Méhémet-Ali la forte position qui s'étend du Mont-Carmel au Mont-Thabor, on le priverait de la forteresse d'Acre.

» Pour détruire cette objection, le baron de Neuman et moi nous proposâmes, par l'intermédiaire de M. Guizot, que les frontières du nord de cette partie de la Syrie, qui serait administrée par le pacha, s'étendraient depuis le cap Nakhora jusqu'au dernier point nord du lac Tibérias, de manière à renfermer dans les limites la forteresse d'Acre, et que les frontières de l'est s'étendraient le long de la côte ouest du lac Tibérias, et ensuite, comme il a été proposé, jusqu'au golfe d'Akaba; nous déclarâmes que le gouvernement de cette partie de la Syrie ne pourrait être donné à Méhémet-Ali que sa vie durant, et que ni l'Angleterre, ni l'Autriche ne pouvaient consentir à accorder l'hérédité à Méhémet-Ali pour aucune partie de la Syrie. Je déclarai de plus à M. Guizot que je ne pouvais aller plus loin, en fait de concessions, dans la vue d'obtenir la coopération de la France, et que c'était donc notre dernière proposition. Le baron de Neuman et moi nous fîmes séparément cette communication à M. Guizot; le baron de Neuman d'abord, et moi le lendemain. M. Guizot me répondit qu'il ferait connaître cette proposition à son gouvernement, ainsi que les circonstances que je lui avais exposées, et qu'il me ferait savoir la réponse dès qu'il l'aurait reçue. Peu de temps après, les plénipotentiaires d'Autriche, de Prusse et de Russie m'informèrent qu'ils avaient tout lieu de croire que le gouvernement français, au lieu de décider cette proposition lui-même, l'avait transmise à Alexandrie pour connaître la décision de Méhémet-Ali; que c'était placer les quatre puissances qui s'occupaient de cette affaire, non pas en face de la France, mais en face de Méhémet-Ali; que, sans parler du délai qui en résultait, c'était ce que leurs cours respectives n'avaient jamais eu l'intention de faire et ce à quoi elles n'avaient non plus l'intention de consentir, et que le gouvernement français avait ainsi placé les plénipotentiaires dans une situation fort embarrassante.

» Je convins avec eux que leurs objections étaient justes à l'égard de la conduite qu'ils attribuaient au gouvernement français, mais que M. Guizot ne m'avait rien dit sur ce que l'on ferait. On avait fait connaître à Méhémet-Ali que le gouvernement français était, en ce moment, tout occupé de questions parlementaires, et pouvait naturellement demander quelque temps pour faire une réponse à nos propositions, qu'il ne pouvait d'ailleurs y avoir un grand mal dans un délai dans cette circonstance. Vers la fin de juin, je pense que c'est le 27, M. Guizot vint chez moi et me lut une lettre qui lui avait été adressée par M. Thiers, contenant la réponse du gouvernement français à notre proposition. Cette réponse était un refus formel ; M. Thiers disait : « Que le gouverne-
» ment français savait, d'une manière positive, que Méhémet-
» Ali ne consentirait pas à la division de la Syrie, à moins
» qu'il n'y fût forcé; que la France ne pouvait coopérer aux
» mesures à prendre contre Méhémet-Ali dans cette circon-
» stance, et que, par conséquent, elle ne pouvait participer à
» l'arrangement projeté. »

» La France ayant refusé d'accéder à l'*ultimatum* de l'Angleterre, les plénipotentiaires des quatre puissances durent examiner quelle serait la marche à adopter par leurs gouvernemens.

» La position des cinq puissances était celle-ci : toutes cinq avaient déclaré être convaincues qu'il était essentiel, dans des intérêts d'équilibre, et pour préserver la paix de l'Europe, de conserver l'indépendance et l'intégrité de l'empire ottoman sous la dynastie ottomane ; toutes cinq, elles avaient déclaré qu'elles emploieraient tous leurs moyens d'influence pour maintenir cette intégrité et cette indépendance. Mais la France, d'un côté, soutint que le meilleur moyen pour arriver à ce résultat était d'abandonner le Sultan à la merci de Méhémet-Ali et de lui conseiller de se soumettre aux conditions que Méhémet-Ali lui imposerait, afin de conserver la paix *sine quâ non;* tandis que, d'un autre côté, les quatre puissances regardèrent une plus longue occupation militaire des provinces du Sultan par Méhémet-Ali comme devant détruire l'intégrité de l'empire turc et être fatale à son indépendance ; elles crurent donc qu'il était nécessaire de renfermer Méhémet-Ali dans une limite plus étroite.

» Après environ deux mois de délibérations, la France, non-seulement refusa de consentir au plan proposé par les quatre puissances, comme un *ultimatum* de leur part, mais elle déclara de nouveau qu'elle ne pourrait s'associer à aucun engagement auquel Méhémet-Ali ne consentirait pas de son propre mouvement et sans qu'on l'y forçât. Il ne resta donc aux quatre puissances d'autre alternative que d'adopter le principe posé par la France, qui consistait dans la soumission entière du Sultan à Méhémet-Ali, ou d'agir d'après leurs principes, qui consistaient à contraindre Méhémet-Ali à accepter un arrangement compatible, quant à la forme, avec les droits du Sultan, et quant au fond, avec l'intégrité de l'empire ottoman. Dans la première hypothèse, on aurait obtenu la coopération de la France; dans la seconde, on devait s'en passer.

» Le vif désir des quatre puissances d'obtenir la coopération de la France a été assez manifesté par les efforts qu'elles ont faits pendant plusieurs mois de négociations. Elles en connaissent bien la valeur, non-seulement par rapport à l'objet qu'elles ont actuellement en vue, mais encore par rapport aux intérêts généraux et permanens de l'Europe. Mais ce qui leur manquait et ce qu'elles estimaient, c'était la coopération de la France pour maintenir la paix, pour obtenir la sécurité future de l'Europe, pour arriver à l'exécution pratique des principes auxquels les cinq puissances avaient déclaré vouloir concourir. Elles estimaient la coopération de la France, non-seulement pour elles-mêmes, pour l'avantage et l'opportunité du moment, mais pour le bien qu'elle devait procurer, et pour les conséquences qui devaient en résulter. Elles désiraient coopérer avec la France pour faire le bien, mais elles n'étaient pas préparées à coopérer avec elle pour *faire le mal.*

» Croyant donc que la politique conseillée par la France était *injuste et nullement judicieuse* envers le Sultan, qu'elle pouvait occasionner des malheurs en Europe, qu'*elle ne se coordonnait pas avec les engagemens publics des* CINQ *puissances,* et qu'elle était incompatible avec les principes qu'elles avaient mis sagement en avant, les quatre puissances sentirent qu'elles ne pouvaient faire le sacrifice qu'on exigeait d'elles, et mettre ce prix à la coopération de la France, si, en effet, on peut appeler coopération ce qui devait consister à laisser suivre aux événemens leur cours naturel. Ne pouvant donc adopter les vues de la France, les quatre puissances se sont déterminées à accomplir leur mission.

» Mais cette détermination n'avait pas été imprévue, et

les éventualités, qui devaient s'ensuivre, n'avaient pas été cachées à la France. Au contraire, à diverses reprises, pendant la négociation, et pas plus tard que le 1er *octobre dernier*, j'avais déclaré à l'ambassadeur français que notre désir de rester unis avec la France sur cette affaire devait avoir une limite; que nous désirions marcher en avant avec la France, mais que nous n'étions pas disposés à nous arrêter avec elle, et que, si elle ne pouvait trouver moyen d'entrer en accommodement avec les quatre puissances, *elle ne pouvait pas être étonnée de voir celles-ci s'entendre entre elles, et agir sans la France.*

» Le comte Sébastiani me répondit qu'il prévoyait que nous en agirions ainsi, et qu'il pouvait prédire le résultat : *que nous allions tâcher de terminer nos arrangemens sans la participation de la France*, et que nous trouverions que nos moyens étaient insuffisans ; que *la France serait* SPECTATRICE PASSIVE ET TRANQUILLE *des événemens ;* qu'après une année ou une année et demie d'efforts inutiles, nous reconnaîtrions que nous nous sommes trompés, et que nous nous adresserions alors à la France, et *que cette puissance coopérerait à arranger ces affaires aussi amicalement,* APRÈS QUE NOUS AURIONS ÉCHOUÉ, *qu'elle l'aurait fait avant notre tentative*, et qu'alors elle nous persuaderait probablement d'accéder à des choses auxquelles nous refusons de consentir pour le moment.

» De semblables significations furent également faites à M. Guizot, relativement à la ligne que suivraient probablement les quatre puissances, si elles ne réussissaient pas à en venir à un arrangement avec la France. C'est pourquoi le gouvernement français ayant refusé *l'ultimatum* des quatre puissances, et ayant, en le refusant, posé de nouveau un principe de conduite qu'il savait ne pouvoir être adopté par les quatre puissances, principe qui consistait notamment en ce qu'il ne pourrait se faire aucun règlement de difficultés entre le sultan et son sujet, si ce n'est aux conditions que le sujet pourrait accepter spontanément, ou, en d'autres termes, dicter, le gouvernement français dut s'être préparé à voir les quatre puissances déterminées à agir sans la France; et les quatre puissances, ainsi déterminées, ne pouvaient à juste titre être représentées comme se séparantelles -mêmes de la France, ou comme excluant la France de l'arrangement d'une grande affaire européenne. Ce fut, au contraire, la France qui se sépara des quatre puissances, car ce fut la France qui se posa pour elle-même un principe d'action qui rendit impossible sa coopération avec les autres puissances.

» Et ici, sans chercher à m'étendre sur des observations de controverse relativement au passé, je trouve tout à fait nécessaire de remarquer que cette séparation volontaire de la France n'était pas purement produite par le cours des négociations à Londres, mais que, à moins que le gouvernement de S. M. n'eût été étrangement induit en erreur, elle avait encore eu lieu d'une manière plus décidée dans le cours des négociations à Constantinople. Les cinq puissances ont déclaré au sultan, par la note collective qui a été remise à la Porte, le 27 juillet 1839, par leurs représentans à Constantinople, que leur union était assurée ; et ceux-ci lui avaient demandé de s'abstenir de toute négociation directe avec Méhémet-Ali, et de ne faire aucun arrangement avec le pacha sans le concours des cinq puissances.

» Mais cependant le gouvernement de S. M. a de bonnes raisons de croire que, depuis quelques mois, le représentant français à Constantinople a isolé la France d'nne manière tranchée des quatre autres puissances, en ce qui concerne les questions auxquelles cette note se rapportait, et a pressé vivement, et à plusieurs reprises, *la Porte de négocier avec Méhémet-Ali*, et de conclure un arrangement avec le pacha, non seulement sans le concours des quatre autres puissances, mais encore sous la seule médiation de la France et conformément aux vues particulières du gouvernement français.

» En ce qui concerne la ligne de conduite suivie par la Grande-Bretagne, le gouvernement français doit reconnaître que les vues et opinions du gouvernement de S. M. sur les affaires d'Orient n'ont jamais varié le moins du monde depuis le commencement de ces négociations, excepté que le gouvernement de S. M. a offert de modifier ces vues et ces opinions dans l'intention d'obtenir la coopération de la France. Ces vues et ces opinions ont de tout temps été exprimées franchement et sans réserve au gouvernement français, et ont été constamment appuyées auprès de ce gouvernement, de la manière la plus pressante, par des argumens qui paraissaient concluans au gouvernement de S. M.

» Dès les premiers pas de la négociation, des déclarations de principes, faites par le gouvernement français, portèrent le gouvernement de S. M. à croire que les deux gouvernemens ne pourraient qu'accéder au moyen de mettre à exécution leurs principes communs. Si les intentions et les opinions du gouvernement français sur les moyens d'exécution différaient, même dès le commencement des négociations, de celles du gouvernement britannique, la France n'a certainement pas le droit de qualifier de dissidence (schisme) inattendue, entre la France et l'Angleterre, celle que le gouvernement français reconnaît avoir existée depuis long-temps. Si les intentions et les opinions du gouvernement français, relativement aux moyens d'exécution, ont subi un changement depuis l'ouverture des négociations, la France n'a certainement pas le droit d'imputer à la Grande-Bretagne une divergence de politique, qui provient d'un changement de la part de la France et nullement de l'Angleterre.

» Mais de toute manière, quand, de cinq puissances, quatre d'entre elles se sont trouvées d'accord sur une ligne de conduite, et que la cinquième a résolu de poursuivre une conduite entièrement différente, il ne serait pas raisonnable d'exiger que les quatre abandonnassent, par déférence pour la cinquième, les opinions dans lesquelles elles se confirment de jour en jour davantage, et qui ont trait à une question d'une importance vitale pour les intérêts majeurs et futurs de l'Europe.

« Mais comme la France continue à s'en tenir aux principes généraux dont elle a fait déclaration au commencement, et qu'elle continue à soutenir qu'elle considère le maintien de l'intégrité et de l'indépendance de l'empire turc sous sa dynastie actuelle comme nécessaire pour la conservation de l'équilibre des puissances et pour assurer la paix ; *comme la France n'a jamais méconnu que l'arrangement que les quatre puissances ont l'intention d'amener entre le sultan et le pacha fût, s'il pouvait être exécuté,* LE MEILLEUR ET LE PLUS COMPLET ; et comme les objections de la France s'appliquent, non *sur la fin qu'on se propose,* mais *sur les moyens par lesquels on doit arriver à cette fin,* son opinion étant que cette fin est bonne, mais que les moyens sont insuffisans et dangereux, le gouvernement de S. M. a la confiance que *l'isolement de la France* des autres quatre puissances, isolement que le gouvernement de S. M. regrette on ne peut plus vivement, *ne peut pas être de longue durée.*

« Car lorsque les quatre puissances réunies au sultan seront parvenues à amener un pareil arrangement entre la Porte et ses sujets, arrangement compatible avec l'intégrité de l'empire ottoman et avec la paix future de l'Europe, « il
» ne restera plus aucun point de dissidence entre la France
» et ses alliés ; » et il ne peut rien y avoir qui puisse empêcher la France de concourir avec les quatre puissances à tels autres engagemens pour l'avenir, qui puissent paraître nécessaires pour donner une stabilité convenable aux bons

effets de l'intervention des quatre puissances en faveur du sultan et pour préserver l'empire ottoman de tout retour de danger.

» Le gouvernement de S. M. attend avec impatience « le » moment où la France sera en position de reprendre sa » place dans l'union des puissances, » et espère que ce moment sera hâté par l'entier développement de l'*influence morale* de la France. Quoique le gouvernement français ait, pour des raisons qui lui sont propres, refusé de prendre part aux mesures de coërcition contre Méhémet-Ali, « certaine- » ment ce gouvernement ne peut rien objecter à l'emploi de » ces moyens de coërcition pour porter le pacha à se sou- » mettre aux arrangemens qui doivent lui être proposés ; » et il est évident qu'il y a plus d'un argument qui peut être mis en avant, et plus d'une considération de prudence qui peut être appuyée auprès du pacha avec plus d'efficacité par la France, comme puissance neutre, ne prenant aucune part à ces affaires, que par les quatre puissances qui sont activement engagées à l'exécution des mesures de contrainte.

» Quoi qu'il en soit, le gouvernement de S. M. a la confiance que l'Europe reconnaîtra la moralité du projet qui a été mis en avant par les quatre puissances, car leur but est désintéressé et juste ; elles ne cherchent pas à recueillir quelques avantages particuliers des engagemens qu'elles ont contractés ; elles ne cherchent à établir aucune influence exclusive, ni à faire aucune acquisition de territoire ; et le but auquel elles tendent doit être aussi profitable à la France qu'à elles-mêmes, parce que la France, ainsi qu'elles-mêmes, est intéressée au maintien de l'équilibre des puissances et à la conservation de la paix générale.

» Vous transmettrez officiellement à **M.** Thiers une copie de cette dépêche.

» Je suis, etc. Signé PALMERSTON. »

MEMORANDUM DU 5 OCTOBRE 1840.

*Le Président du Conseil, Ministre des Affaires étran-
gères, à M. l'Ambassadeur de France à Londres.*

Monsieur l'Ambassadeur,

Vous avez eu connaissance de la dépêche que lord Palmerston a écrite à M. Bulwer, pour expliquer la conduite du
gouvernement britannique dans l'importante négociation
qui s'est terminée par le traité du 16 juillet. Cette dépêche,
dont je me plais à reconnaître que le ton est parfaitement
convenable et modéré, contient cependant des assertions et
des raisonnemens qu'il est impossible au gouvernement du
roi de laisser établir. Sans doute, pour ne pas aggraver une
situation déjà menaçante, il vaudrait mieux laisser le passé
dans l'oubli, et ne pas revenir sur des contestations trop
souvent renouvelées ; mais outre que lord Palmerston aurait
droit de trouver mauvais que sa communication restât sans
réponse, il importe de représenter, dans sa vérité, la conduite respective de chaque cour pendant cette importante
négociation. La dépêche de lord Palmerston, communiquée
à toutes les légations, sous la forme d'exemplaires imprimés,
est déjà devenue publique. Il était donc indispensable d'y
faire une réponse. Celle que je vous envoie, et dont je
souhaite que le cabinet britannique ne croie pas avoir à se
plaindre, donnera aux faits qui se sont passés entre les di-

vers cabinets le sens véritable qu'ils nous semblent avoir. Vous voudrez bien en laisser copie au secrétaire d'Etat de S. M. britannique.

Si j'ai bien saisi l'ensemble de l'exposé de lord Palmerston, on pourrait le résumer comme il suit :

« La Grande-Bretagne, complètement désintéressée dans la question d'Orient, n'a poursuivi qu'un seul but : c'est l'indépendance et l'intégrité de l'empire ottoman. C'est ce but qu'elle a proposé à toutes les cours, qu'elles ont toutes adopté, qu'elles ont toutes poursuivi, la France comme les autres. Dans ce but, il fallait réduire à de moindres proportions les prétentions démesurées du vice-roi d'Égypte ; il fallait éloigner le plus possible du Taurus les possessions et les armées de cet ambitieux vassal. Ce qu'il y avait de mieux, c'était de mettre le désert entre le sultan et le pacha ; c'était de réduire Méhémet-Ali à l'Égypte, et rendre la Syrie au sultan Abdul-Medjid. Le désert de Syrie aurait alors servi de barrière entre les deux Etats, et rassuré l'empire ottoman et l'Europe, intéressée au salut de cet empire, contre l'ambition de la famille égyptienne.

» C'est toujours là ce que l'Angleterre a proclamé à toutes les époques de la négociation. La France, par la note collective signée à Constantinople le 27 juillet 1839, par une circulaire adressée le 17 du même mois à toutes les cours, la France avait semblé adhérer au principe commun, en proclamant, d'une manière aussi absolue que les autres cabinets, l'indépendance et l'intégrité de l'empire ottoman.

» Cependant elle s'est ensuite éloignée de ce principe en demandant, au profit du vice-roi, un démembrement de l'empire, incompatible avec son existence. Dans le désir de s'assurer le concours de la France, les quatre cabinets signataires du traité du 15 juillet ont fait auprès d'elle des instances réitérées pour l'amener à leurs vues. Ils lui ont même fait des sacrifices considérables ; car ils ont ajouté à l'Egypte, héréditairement concédée, le pachalick d'Acre, moins la place de ce nom ; et ensuite ils ont consenti à y joindre la place elle-même. Mais tous ces sacrifices sont demeurés inutiles, la France a persisté à s'éloigner du principe que les cinq cabinets avaient cru devoir proclamer en commun.

» Les autres cours n'ont pas pu la suivre dans cette voie. Quelque désir qu'elles éprouvassent de s'assurer son concours, elles ont dû enfin se séparer d'elle et signer un acte qui ne doit pas la surprendre, car elle avait été plus d'une fois avertie que, si on ne parvenait pas à s'entendre, il faudrait bien finir par résoudre à quatre les questions qu'on ne pouvait résoudre à cinq.

» En effet, lord Palmerston avait soigneusement répété à l'ambassadeur de France que la proposition contenue depuis dans le traité du 15 juillet était son *ultimatum*, et que, cette proposition refusée, il n'en ferait plus d'autre. Il a bien fallu passer outre, et ne pas laisser périr l'empire ottoman par de trop longues hésitations. Les autres cours ne sauraient être accusées d'avoir voulu offenser la France en cette occasion. Quatre cabinets, étant d'accord sur une question de la plus haute importance, ne pouvaient pas indéfiniment accorder à un cinquième le sacrifice de leurs intentions parfaitement désintéressées.

» D'ailleurs, en agissant ainsi, les quatre cabinets se rappelaient que la France avait, au mois de septembre 1839, par l'organe de son ambassadeur à Londres, proposé un plan d'arrangement fondé à peu de choses près sur les mêmes bases que le traité du 15 juillet ; que, plus tard, en combattant le plan présenté par l'Angleterre, elle avait reconnu que, sauf la difficulté et le moyen d'exécution, il serait incontestablement préférable à tout autre ; qu'enfin, en toute occasion, elle avait manifesté l'intention de ne mettre aucun obstacle à ces moyens d'exécution. Ils devaient donc penser que si, pour des considérations particulières, elle refusait de se joindre à eux pour contraindre Méhémet-Ali par la force, elle ne mettrait du moins aucun obstacle à leurs efforts, que même elle les seconderait par l'emploi de son influence morale à Alexandrie. Les quatre puissances espèrent encore que, lorsque le traité du 15 juillet aura reçu son accomplissement, la France se joindra de nouveau à eux pour assurer, d'une manière définitive, le maintien de l'empire ottoman. »

Telle est, si je ne me trompe, l'analyse exacte et rigoureuse de l'exposé que lors Palmerston et les quatre cours en général ne cessent de faire [des négociations auxquelles a donné lieu la question turco-égyptienne.

D'après cet exposé,

La France aurait été inconséquente;

Elle aurait voulu et ne voudrait plus l'intégrité et l'indépendance de l'empire ottoman;

Les quatre cours auraient fait des sacrifices réitérés à ses vues;

— Elles auraient fini par lui présenter un *ultimatum* fondé sur une ancienne proposition de son propre ambassadeur;

Elles n'auraient passé outre qu'après cet *ultimatum* refusé;

Elles auraient droit d'être surprises de la manière dont la France a accueilli le traité du 15 juillet; car, d'après ses propres déclarations, on aurait dû s'attendre qu'elle donnerait à ce traité plus qu'une adhésion passive, et au moins son influence morale.

Le récit exact des faits répondra complètement à cette manière de présenter les négociations.

Lorsque la Porte, mal conseillée, renouvela ses hostilités contre le vice-roi, et perdit à la fois son armée de terre et sa flotte; lorsqu'à toutes ces pertes se joignit la mort du Sultan Mahmoud, quelle fut la crainte de l'Angleterre et de la France, alors toutes les deux parfaitement unies ? Leur crainte fut de voir Ibrahim, victorieux, franchir le Taurus, menacer Constantinople, et amener à l'instant même les Russes dans la capitale de l'empire ottoman. Tout ce qu'il y a en Europe d'esprits éclairés s'associa à cette inquiétude.

Quelles furent à ce sujet les propositions de lord Palmerston? Une première fois, en son nom personnel, une seconde fois au nom de son cabinet, il proposa à la France de réunir deux flottes, l'une anglaise, l'autre française, de les diriger vers les côtes de Syrie, d'adresser une sommation aux deux parties belligérantes, afin de les obliger à suspendre les hostilités, d'appuyer cette sommation par des moyens maritimes, puis de réunir les deux flottes, et de demander à la Porte l'entrée des Dardanelles, ou de forcer ce célèbre passage, si la lutte entre le pacha et le sultan avait amené les Russes à Constantinople.

Ce que l'Angleterre et avec elle tous les politiques prévoyans entendaient alors par l'intégrité de l'empire ottoman, c'était donc de le préserver de la protection exclusive des armées russes, et, pour prévenir le cas de cette protection, d'empêcher le vice-roi de marcher sur Constantinople.

La France entra pleinement dans cette pensée. Elle employa son influence auprès de Méhémet-Ali et de son fils pour arrêter l'armée égyptienne victorieuse ; elle y réussit, et, pour parer au danger plus sérieux de voir les armées russes à Constantinople, elle pensa qu'avant de forcer les Dardanelles, il convenait de demander à la Porte son consentement à l'entrée des deux flottes, dans le cas où un corps de troupes russes aurait franchi le Bosphore.

L'Angleterre accéda à ces propositions, et les deux cabinets furent parfaitement d'accord. Les mots d'indépendance et d'intégrité de l'empire ottoman ne signifiaient pas alors, on ne saurait trop le faire remarquer, qu'on enlèverait à Méhémet-Ali telle ou telle partie des territoires qu'il occupait, mais qu'on l'empêcherait de marcher sur la capitale de l'empire, et d'attirer, par la présence des soldats égyptiens, la présence des soldats russes.

Le secrétaire d'Etat de S. M. britannique, s'entretenant à ce sujet avec M. de Bourquenay, le 25 mai et le 20 juin, reconnaissait qu'il y avait en France et en Angleterre une opinion en faveur de la famille égyptienne; qu'en France cette opinion était beaucoup plus générale; que, par suite, le gouvernement français devait être beaucoup plus favorable que le gouvernement anglais à Méhémet-Ali; que c'était là sans doute une difficulté de la situation, mais que c'était une considération secondaire; qu'une considération supérieure devait dominer toutes les autres, c'était le besoin de sauver l'empire ottoman d'une protection exclusive et tôt ou tard mortelle pour lui, si la France et l'Angleterre ne s'entendaient pas.

La France partageait ces idées. Sa politique tendait conséquemment à un double but, celui d'arrêter le vice-roi, lorsque, de vassal puissant mais soumis, il passerait au rôle de vassal insoumis et menaçant le trône de son maître, et de substituer à la protection exclusive d'une puissance celle des cinq puissances prépondérantes en Europe.

C'est dans ces vues qu'elle signa, en commun, la note du 27 juillet, note tendant à placer la protection des cinq cours entre le sultan vaincu et le pacha victorieux; c'est dans ces vues qu'elle adressa, le 17 juillet, une circulaire à toutes les cours, pour provoquer une profession commune de respect pour l'intégrité de l'empire ottoman; c'est dans ces vues qu'elle proposa elle-même, et la première, d'associer l'Autriche, la Prusse et la Russie elle-même à toutes les résolutions relatives à la question turco-égyptienne.

Lord Palmerston se rappellera sans doute qu'il était moins disposé que la France à provoquer ce concours général des cinq puissances; et le cabinet français ne peut que se souvenir avec un vif regret, en comparant le temps d'alors au temps d'aujourd'hui, que c'était sur la France surtout que le cabinet anglais croyait pouvoir compter pour assurer le salut de l'empire turc.

Personne n'était disposé à croire alors que l'intégrité de l'empire ottoman consistât dans la limite qui séparerait en Syrie les possessions du sultan et du vice-roi. Tout le monde la faisait consister dans un double fait : empêcher Ibrahim de menacer la capitale, et dispenser les Russes de la secourir. La France partageait avec tous les cabinets cette croyance, à laquelle elle est restée fidèle.

L'Autriche et la Prusse adhérèrent aux vues de la France et de l'Angleterre. La cour de Russie refusa de prendre part aux conférences qui devaient se tenir à Vienne, dans le but de généraliser le protectorat européen à l'égard du sultan. Elle approuvait peu l'empressement des puissances de l'Occident à se mêler de la question d'Orient. « L'empereur, disait M. de Nesselrode dans une dépêche écrite le 6 août 1839 à M. de Medem et communiquée officiellement au gouvernement français, l'empereur ne désespère nullement du salut de la Porte, pourvu que les puissances de l'Europe sachent respecter son repos, et que, par une agitation intempestive, elles ne finissent pas par ébranler, tout en voulant le raffermir. » La cour de Russie jugeait donc peu convenable de s'interposer entre le sultan et le pacha, croyait qu'il suffisait d'empêcher le vice-roi de menacer Constantinople, et semblait regarder un arrangement direct comme la ressource la plus convenable à cette situation. « Du reste, disait encore M. de Nesselrode à l'ambassadeur de France au commencement d'août 1819, un peu plus, un peu moins de Syrie donné ou ôté au pacha, nous touche peu. Notre seule condition, c'est que la Porte soit libre dans le consentement qu'elle donnera. »

A cette époque donc, les quatre cours, depuis signataires du traité du 15 juillet, les quatre cours n'étaient pas, comme on voudrait le faire croire aujourd'hui, unies de vues en présence de la France, seule dissidente et empêchant tout accord par ses refus perpétuels.

Le danger s'était éloigné depuis qu'Ibrahim avait suspendu sa marche victorieuse. Les deux parties belligérantes étaient en présence, le pacha puissant, le sultan vaincu et sans ressources, mais immobiles tous les deux, grâce à l'intervention de la France. Le cabinet britannique proposa d'arracher la flotte turque des mains de Méhémet-Ali. La France s'y refusa, craignant de provoquer de nouvelles hostilités. Alors commença le funeste dissentiment qui a séparé la France de l'Angleterre, et qu'il faut à jamais regretter, dans l'intérêt de la paix et de la civilisation du monde.

Les mauvaises dispositions du cabinet britannique contre le vice-roi d'Égypte éclatèrent avec beaucoup de vivacité; la France chercha à les tempérer. Le cabinet britannique, sur les représentations de la France, appréciant le danger d'un acte de vive force, renonça à recouvrer la flotte turque par des moyens violens. Cette proposition n'eut point de suite.

Il était devenu nécessaire de s'expliquer enfin pour savoir de quelle manière se viderait la question territoriale entre le sultan et le vice-roi. Le dissentiment entre les vues de la France et de l'Angleterre éclata plus vivement. Lord Palmerston déclara qu'à ses yeux le vice-roi devait recevoir l'Égypte héréditairement; mais que, pour prix de cette hérédité, il devait abandonner immédiatement les villes saintes, l'île de Candie, le district d'Adana et la Syrie toute entière. Toutefois il modifia un peu ses premières vues, et consentit à joindre à la possession héréditaire de l'Égypte la possession, héréditaire aussi, du pachalick d'Acre, moins la place d'Acre.

La France n'admit point ces propositions : elle jugea que le vice-roi, vainqueur du sultan à Nezib, sans avoir été l'agresseur, ayant de plus consenti à s'arrêter quand il pouvait fondre sur l'empire et renverser le trône du sultan, méritait plus de ménagement. Elle pensa que, de la part des puissances qui l'avaient engagé, en 1833, à accepter les conditions de Kutaïeh, il y aurait peu d'équité à lui imposer des conditions beaucoup plus rigoureuses, alors qu'il n'avait rien fait pour perdre le bénéfice de cette transaction. Elle crut qu'en lui enlevant les villes saintes, l'île de Candie, le district d'Adana, position offensive, et qui, restituée à la Porte, rendait à celle-ci toute sécurité, on devait lui assurer la possession héréditaire de l'Égypte et de la Syrie. La victoire de Nezib, gagnée sans agression de sa part, aurait pu seule lui valoir l'hérédité de ses possessions depuis le Nil jusqu'au Taurus ; mais en tenant la victoire de Nezib pour non avenue, en faisant acheter à Méhémet-Ali l'hérédité au prix d'une partie de ses possessions actuelles, il y avait du moins rigoureuse justice à ne pas lui enlever plus que Candie, Adana et les villes saintes. D'ailleurs la France demandait par quels moyens on prétendait réduire Méhémet-Ali ? Sans doute les cabinets européens étaient forts contre lui, lorsqu'il voulait menacer Constantinople ; dans ce cas, des flottes dans la mer de Marmara suffisaient pour l'arrêter. Mais pour lui ôter la Syrie, quels moyens avait-on ? Des moyens peu efficaces, comme un blocus ; peu légitimes, comme des provocations à l'insurrection ; très dangereux, très contraires au but proposé, comme une armée russe ! La France proposa donc, en septembre 1839, d'adjuger au vice-roi l'hérédité de l'Égypte et l'hérédité de la Syrie.

Jamais, à aucune époque de la négociation, la France n'a proposé autre chose, excepté dans ces derniers temps, lorsqu'elle a conseillé au vice-roi de se contenter de la possession viagère de la Syrie. J'ai examiné les dépêches antérieures à mon administration, et je n'y ai vu nulle part que le général Sébastiani ait été autorisé à proposer la délimitation contenue dans le traité du 15 juillet, ou qu'il ait spontanément pris sur lui de la proposer. Je lui ai demandé, à lui-même, quels étaient ses souvenirs à cet égard, et il m'a affirmé qu'il n'avait fait aucune proposition de ce genre. La France donc proposa en 1839 l'attribution au vice-roi de l'hérédité de l'Égypte et de l'hérédité de la Syrie. Elle fut malheureusement en dissentiment complet avec l'Angleterre.

Ce dissentiment, à jamais regrettable, fut bientôt connu de l'Europe entière. Tout à coup, et comme par enchantement, il fit cesser les divergences qui avaient séparé les quatre cours, et amena entre elles un subit accord. l'Autriche, qui d'abord avait donné une pleine adhésion à nos propositions; qui, sur le point de notifier cette adhésion à Londres, n'avait, nous disait-elle, suspendu cette notification que pour nous donner le temps de nous mettre d'accord avec l'Angleterre, l'Autriche commença à dire qu'entre la France et l'Angleterre elle se prononcerait pour celle des deux cours qui accorderait la plus grande étendue de territoire au sultan. Il est vrai qu'alors elle protestait encore contre la pensée de recourir à des moyens coërcitifs dont elle était la première à proclamer le danger. La Prusse adopta le sentiment de l'Autriche. La Russie envoya à Londres M. de Brunow, en septembre 1839, faire ses propositions. La Russie, qui naguère repoussait comme peu convenable l'idée d'une intervention européenne entre le sultan et le vice-roi, et ne semblait voir de ressource que dans un arrangement direct, la Russie adhérait maintenant à tous les arrangemens territoriaux qu'il plairait à l'Angleterre d'adopter, et demandait, qu'en cas de reprise des hostilités, on la laissât, au nom des cinq cours, couvrir Constantinople avec une armée, tandis que les flottes anglaise et française bloqueraient la Syrie.

Ces propositions réalisent justement la combinaison que l'Angleterre avait jusque là regardée comme la plus dangereuse pour l'empire ottoman, la protection d'une armée russe; combinaison redoutable, non par la possibilité qu'une armée russe pût être tentée de rester définitivement à Constantinople, mais uniquement parce que la Russie, ajoutant ainsi au fait de 1833 un second fait exactement semblable, aurait créé en sa faveur l'autorité des précédens.

Ces propositions ne furent point accueillies. M. de Brunow quitta Londres et y revint en janvier 1840 avec des propositions nouvelles. Elles différaient des premières en ce qu'elles accordaient à la France et à l'Angleterre la faculté d'introduire chacune trois vaisseaux dans une partie limitée de la mer de Marmara, pendant que les troupes russes occuperaient Constantinople.

La négociation s'est arrêtée là pendant plusieurs mois, depuis le mois de février jusqu'à celui de juillet 1840. Dans cet intervalle, un nouveau ministère et un nouvel ambassadeur ont été chargés des affaires de la France. Le cabinet français a toujours répété qu'il ne croyait pas juste de retrancher la Syrie du nombre des possessions égyptiennes; que s'il était possible que le vice-roi y consentît, la France ne pouvait être, pour le vice-roi, plus ambitieuse que lui-même; mais que, s'il fallait lui arracher la Syrie par la force, le gouvernement français ne voyait, pour y réussir, que des moyens ou inefficaces ou dangereux, et que, dans ce cas, il s'isolerait des autres cours et tiendrait une conduite tout à fait séparée.

Pendant que le cabinet français tenait ce langage à Londres avec franchise et persévérance, l'ambassadeur français à Constantinople ne cherchait pas à négocier un arrangement direct entre le sultan et le vice-roi; il ne donnait pas, ainsi que semble croire lord Palmerston, sans l'affirmer, il ne donnait pas le premier l'exemple de la séparation.

Jamais notre représentant à Constantinople n'a tenu la conduite qu'on lui prête ; jamais les instructions du gouvernement du roi ne lui ont prescrit une pareille marche. Sans doute la France n'a cessé de travailler à un rapprochement entre le sultan et le vice-roi, à les disposer l'un et l'autre à de raisonnables concessions, à faciliter ainsi la tâche délicate dont l'Europe s'était imposé l'accomplissement ; mais nous avons constamment recommandé, tant à M. le comte de Pontois qu'à M. Cochelet, d'éviter avec le plus grand soin tout ce qui eût pu être considéré comme une tentative de mettre à l'écart les autres puissances, et ils ont été scrupuleusement fidèles à cette recommandation.

L'Angleterre avait à choisir entre la Russie, lui offrant l'abandon du vice-roi, à condition de faire adopter les propositions de M. de Brunow, c'est à dire l'exécution consentie par l'Europe du traité d'Unkiar-Skelessi, et la France, ne demandant qu'une négociation équitable et modérée entre le sultan et Méhémet-Ali, une négociation qui prévînt de nouvelles hostilités, et, à la suite de ces hostilités, le cas le plus dangereux pour l'intégrité de l'empire ottoman, la protection directe et matérielle d'un seul État puissant.

Avant de faire son choix définitif entre la Russie et la France, le cabinet de Londres ne nous a pas fait les offres réitérées dont on parle, pour nous amener à ses vues. Ses efforts se sont bornés à une seule proposition.

En 1839 on accordait au vice-roi la possession héréditaire de l'Égypte et du pachalick d'Acre, moins la citadelle ; en 1840, lord Palmerston nous proposa de lui accorder le pachalick d'Acre avec la citadelle de plus, mais avec l'hérédité de moins. Assurément c'était là retrancher de la première offre plus qu'on y ajoutait, et on ne pouvait pas dire que ce fût une proposition nouvelle, ni surtout plus avantageuse.

Mais cette proposition, si peu digne du titre de proposition nouvelle, car elle ne contenait aucun avantage nouveau, n'avait en rien le caractère d'un *ultimatum*. Elle ne nous fut nullement présentée ainsi ! Nous étions si loin de la considérer sous cet aspect, que, sur une insinuation de MM. de Bulow et de Neumann, nous conçûmes l'espérance d'obtenir pour le vice-roi la possession viagère de toute la Syrie, jointe à la possession héréditaire de l'Égypte.

Sur l'affirmation de MM. de Bulow et de Neumann, que cette proposition, si elle était faite, serait la dernière concession de lord Palmerston, nous envoyâmes M. Eugène Périer à Alexandrie pour disposer le vice-roi à consentir à un arrangement, qui nous semblait le dernier possible. Ce n'était pas, comme le dit lord Palmerston, faire dépendre la négociation de la volonté d'un pacha d'Égypte, mais disposer les volontés contraires et les amener à un arrangement amical qui prévînt le cruel spectacle aujourd'hui donné au monde.

La France avait quelque droit de penser qu'une si longue négociation ne se terminerait pas sans une dernière explication; que la grande et utile alliance qui, depuis dix ans, la liait à l'Angleterre, ne se dissoudrait pas sans un dernier effort de rapprochement. Les insinuations qui lui avaient été faites, et qui tendaient à faire croire que peut-être on accorderait la possession viagère de la Syrie au vice-roi, devaient l'entretenir dans cette espérance. Tout à coup, le 17 juillet, lord Palmerston appelle au Foreing-Office l'ambassadeur de France, et lui apprend qu'un traité est signé depuis l'avant-veille; il le lui apprend sans même lui donner connaissance du texte de ce traité. Le cabinet français a dû en être surpris. Il n'ignorait pas, sans doute, que les trois cours du continent avaient adhéré aux vues de l'Angleterre, que par conséquent un arrangement des quatre cours sans la France était possible; mais il ne devait pas croire que cet arrangement aurait lieu sans qu'on l'en eût préalablement averti, et que l'alliance française serait aussi promptement sacrifiée.

L'offre que le vice-roi a faite, en juin, au sultan, de restituer la flotte turque, et de laquelle on a craint de voir sortir un arrangement direct secrètement proposé par nous; la possibilité qui s'est offerte, à cette époque, d'insurger la Syrie, paraissent être deux motifs qui ont fait succéder, dans le cabinet anglais, à une longue inertie, une résolution soudaine. Si le cabinet britannique avait voulu avoir avec nous une dernière et franche explication, le cabinet français aurait pu lui démontrer que l'offre de renvoyer la flotte n'était pas une combinaison de la France pour amener un arrangement direct, car elle n'a connu cette offre qu'après qu'elle a été faite; peut-être aussi aurait-il pu lui persuader que le soulèvement de la Syrie était un moyen peu digne et peu sûr.

Tels sont les faits dont la France affirme la vérité avec la sincérité et la loyauté qui conviennent à une grande nation.

Il en résulte évidemment :

1° Que l'indépendance et l'intégrité de l'empire ottoman ont été entendues, au début de la négociation, comme la France les entend aujourd'hui, non pas comme une limite territoriale plus ou moins avantageuse entre le sultan et le vice-roi, mais comme une garantie des cinq cours contre une marche offensive de Méhémet-Ali, et contre la protection exclusive d'une seule des cinq puissances ;

2° Que la France, loin de modifier ses opinions en présence des quatre cours toujours unies de vues, d'intentions et de langage, a toujours, au contraire, entendu la question turco-égyptienne d'une seule manière; tandis qu'elle a vu les quatre cours, d'abord en désaccord, s'unir ensuite dans l'idée de sacrifier le vice-roi, et l'Angleterre, satisfaite de ce sacrifice, se rapprocher des trois autres et former une union, il est vrai, aujourd'hui très persévérante dans ses vues, très soudaine, très inquiétante dans ses révolutions;

3° Qu'on n'a pas fait à la France des sacrifices réitérés pour l'attirer au projet des quatre cours, puisqu'on s'est borné à lui offrir, en 1839, de joindre à l'Egypte le pachalick d'Acre, sans la place d'Acre, mais avec l'hérédité de ce pachalick, et à lui offrir, en 1840, le pachalick d'Acre avec la place, mais sans hérédité ;

4° Qu'elle n'a pas été avertie, comme on le dit, que les quatre cours allaient passer outre si elle n'adhérait pas à leurs vues ; que, tout au contraire, elle avait quelques raisons de s'attendre à de nouvelles propositions, quand, à la nouvelle du départ de Samy-Bey pour Constantinople lors de l'insurrection de Syrie, on a soudainement signé, sans l'en prévenir, le traité du 15 juillet, dont on ne lui a donné connaissance que lorsqu'il était déjà signé, et communication deux mois plus tard ;

5° Enfin, qu'on n'a pas droit de compter sur son adhésion passive à l'exécution de ce traité, puisque, si elle a surtout insisté sur la difficulté des moyens d'exécution, elle n'a toutefois professé, pour le but, pas plus que pour les moyens, une indifférence qui permet de conclure qu'elle n'interviendrait en aucun cas dans ce qui se passerait en Orient ; que, bien loin de là, elle a toujours déclaré qu'elle s'isolerait des quatre autres puissances, si certaines résolutions étaient adoptées ; que jamais aucun de ses agens n'a été autorisé à dire une parole de laquelle on pût conclure que cet isolement serait l'inaction, et qu'elle a toujours entendu, comme elle entend encore, se réserver à cet égard sa pleine liberté.

Le cabinet français ne reviendrait point sur de telles contestations, si la note de lord Palmerston ne lui en faisait un devoir rigoureux ; mais il est prêt à les mettre tout à fait en oubli, pour traiter le fond des choses, et attirer l'attention du secrétaire d'Etat de S. M. britannique sur le côté vraiment grave de la situation.

L'existence de l'empire turc est en péril, l'Angleterre s'en préoccupe et elle a raison ; toutes les puissances amies de la paix doivent s'en préoccuper aussi ; mais comment faut-il s'y prendre pour raffermir cet empire ? Lorsque les sultans de Constantinople, n'ayant plus la force de régir les vastes provinces qui dépendaient d'eux, ont vu la Moldavie, la Valachie, et plus récemment la Grèce, s'échapper insensiblement de leurs mains, comment s'y est-on pris ? A-t-on, par une décision européenne, appuyée sur des troupes russes et des flottes anglaises, cherché à restituer aux sultans des sujets qui leur échappaient ? Assurément, non. On n'a pas essayé l'impossible. On ne leur a pas rendu la possession et l'administration directe des provinces qui se détachaient de l'empire. On ne leur a laissé qu'une suzeraineté presque nominale sur la Valachie et la Moldavie ; on les a tout à fait dépossédés de la Grèce. Est-ce par esprit d'injustice ? Non, certainement ; mais l'empire des faits, plus fort que les résolutions des cabinets, a empêché de restituer à la Porte, soit la souveraineté directe de la Moldavie et de la Valachie, soit l'administration même directe de la Grèce, et la Porte n'a eu de repos que depuis que ce sacrifice a été franchement opéré. Quelle vue a dirigé les cabinets dans ces sacrifices ? C'est de rendre indépendantes, c'est de soustraire à l'ambition de tous les Etats voisins les portions de l'empire turc qui s'en séparaient. Ne pouvant refaire un grand tout, on a voulu que les parties détachées restassent des Etats indépendans des Empires environnans.

Un fait semblable vient de se produire depuis quelques années relativement à l'Egypte et à la Syrie. L'Egypte a-t-elle jamais véritablement été sous l'empire ottoman ? Personne ne le pense, et personne ne croirait aujourd'hui pouvoir la faire gouverner directement de Constantinople. On en juge apparemment ainsi, puisque les quatre cours décernent à Méhémet-Ali l'hérédité de l'Egypte, en réservant toutefois la suzeraineté du sultan. Elles-mêmes en cela entendent, comme la France, l'intégrité de l'empire ottoman ; elles se bornent à vouloir lui conserver tout ce qu'il pourra retenir sous son autorité. Elles veulent, autant que possible, un lien de vasselage entre l'Empire et ses parties détachées. Elles veulent, en un mot, tout ce que veut la France. Les quatre cours, en attribuant au vassal heureux qui a su gouverner l'Egypte, l'hérédité de cette province, lui attribuent encore le pachalick d'Acre ; mais elles lui refusent les trois autres pachalicks de Syrie, les pachalicks de Damas, d'Alep, de Tripoli. Elles appellent cela sauver l'intégrité de l'empire ottoman ! Ainsi l'intégrité de l'empire ottoman est sauvée, même quand on en détache l'Egypte et le pachalick d'Acre ; mais elle est détruite si l'on en détache de plus Tripoli, Damas et Alep ! Nous le disons franchement, une telle thèse ne saurait se soutenir gravement devant l'Europe.

Evidemment il ne saurait y avoir, pour donner ou retirer ces pachalicks à Méhémet-Ali, que des raisons d'équité et de politique. Le vice-roi d'Egypte a fondé un Etat vassal, avec génie et avec suite. Il a su gouverner l'Egypte et même la Syrie, que jamais les sultans n'avaient pu gouverner. Les musulmans, depuis long-temps humiliés dans leur juste fierté, voient en lui un principe glorieux qui leur rend le sentiment de leur force. Pourquoi affaiblir ce vassal utile qui, une fois séparé par une frontière bien choisie des Etats de son maître, deviendra pour lui le plus précieux des auxiliaires ? Il a aidé le sultan dans sa lutte contre des voisins d'une religion hostile à la sienne. Son intérêt répond de lui à défaut de sa fidélité. Quand Constantinople sera menacée, Alexandrie sera en péril : Méhémet-Ali le sait bien, il prouve tous les jours qu'il le comprend parfaitement.

Il faut, pour garder l'intégrité de l'empire ottoman, depuis Constantinople jusqu'à Alexandrie, il faut à la fois le sultan et le pacha d'Egypte, celui-ci soumis à celui-là par un lien de vasselage. Le Taurus est la ligne de séparation indiquée entre eux. Mais on veut ôter au pacha d'Egypte les clés du Taurus, soit : qu'on les rende à la Porte, et pour cela qu'on retire le district d'Adana à Méhémet-Ali. On veut lui ôter aussi la clé de l'Archipel : qu'on lui refuse Candie, il y consent. La France, qui n'avait pas promis son influence morale au traité du 15 juillet, mais qui la doit toute entière à la paix, a conseillé ces sacrifices à Méhémet-Ali, et il les a faits. Mais, en vérité, pour lui ôter encore deux ou trois pachalicks, et les donner, non au sultan, mais à l'anarchie ; pour assurer ce singulier triomphe de l'intégrité, déjà privée de la Grèce, de l'Egypte, du pachalick d'Acre, appeler sur cette intégrité le seul danger sérieux qui la menace, celui que l'Angleterre trouvait si sérieux l'année dernière que, pour le prévenir, elle proposait de forcer les Dardanelles : c'est là une manière bien singulière de pourvoir à ces grands intérêts.

Admettons cependant, pour un moment, que les vues du cabinet britannique soient mieux entendues que celles du cabinet français : l'alliance de la France ne valait-elle pas mieux, pour l'intégrité de l'empire ottoman et pour la paix du monde, que telle ou telle délimitation en Syrie ?

On ne s'alarmerait pas tant sur l'intégrité de l'empire ottoman, si on ne craignait de grands bouleversemens de territoire dans le monde, si on ne craignait la guerre, qui seule rend ces grands bouleversemens possibles. Or, pour les prévenir, quelle était la combinaison la plus efficace ? N'était-ce pas l'alliance de la France et de l'Angleterre ? Depuis Cadix jusqu'aux bords de l'Oder et du Danube, demandez-le aux peuples ; demandez-leur ce qu'ils pensent à cet égard, et ils répondront que c'est cette alliance qui, depuis dix ans, a sauvé la paix et l'indépendance des Etats, sans nuire à la liberté des nations.

On dit que cette alliance n'est pas rompue, qu'elle renaîtrait après le but atteint par le traité du 15 juillet. Quand on aura poursuivi à quatre, sans nous et malgré nous, un but en soi mauvais, que du moins nous avons cru et déclaré tel, quand on l'aura poursuivi par une alliance trop semblable à ces coalitions qui ont depuis cinquante ans ensanglanté l'Europe, croire qu'on retrouvera la France sans défiance, sans ressentiment d'une telle offense, c'est se faire de la fierté nationale une idée qu'elle n'a jamais donnée au monde.

On a donc sacrifié gratuitement, pour un résultat secondaire, une alliance qui a maintenu l'indépendance et l'intégrité de l'empire ottoman beaucoup plus sûrement que ne le fera le traité du 15 juillet. On dit que la France pouvait aussi faire la même réflexion, et qu'elle pouvait, si la question des limites en Syrie lui paraissait secondaire, se rendre aux vues de l'Angleterre, et acheter par ce sacrifice le maintien de l'alliance.

A cela il y a une réponse fort simple. La France, une fois d'accord sur le but avec ses alliés, aurait fait, non pas de ces sacrifices essentiels qu'aucune nation ne doit à une autre, mais celui de sa manière de voir sur certaines questions de limite. Elle vient de le prouver par les concessions qu'elle a demandées et obtenues du vice-roi. Mais on ne lui a pas laissé le choix : on lui a fait part d'une nouvelle alliance, quand déjà elle était conclue. Dès lors elle a dû s'isoler, elle l'a fait, mais elle ne l'a fait qu'alors. Depuis, toujours fidèle à sa politique pacifique, elle n'a cessé de conseiller au vice-roi d'Egypte la plus parfaite modération. Bien qu'armée et libre de son action, elle fera tous ses efforts pour éviter au monde des douleurs et des catastrophes. Sauf les sacrifices qui coûteraient à son honneur, elle fera tous ceux qu'elle pourra pour maintenir la paix ; et si aujourd'hui elle tient ce langage au cabinet britannique, c'est moins pour se plaindre que pour prouver la loyauté de sa politique, non seulement à la Grande-Bretagne, mais au monde, dont aucun Etat, aujourd'hui, quelque puissant qu'il soit, ne saurait mépriser l'opinion. Le secrétaire d'Etat de S. M. britannique a voulu prouver son bon droit ; le secrétaire d'Etat de S. M. le roi des Français doit aussi à son roi et à son pays, de prouver la conséquence , la loyauté de la politique française dans la grave question d'Orient.

Recevez, monsieur l'Ambassadeur, l'assurance de ma haute considération.

Le Président du conseil d'Etat, Ministre des Affaires étrangères ,

A. THIERS.

TEXTE DE LA NOTE

Annexée au Memorandum de M. Thiers.

Paris, 8 octobre 1840.

Monsieur l'Ambassadeur,

La grave question qui préoccupe aujourd'hui le monde, vient de prendre une face toute nouvelle depuis la réponse que la Porte a faite aux concessions du vice-roi d'Égypte. Méhémet-Ali, en répondant aux sommations du sultan, a déclaré qu'il se soumettait aux volontés de son auguste maître, qu'il acceptait la possession héréditaire de l'Egypte, et qu'il s'en remettait, pour le reste des territoires qu'il occupait actuellement, à la magnanimité du sultan. Nous avons fait connaître au cabinet anglais ce qu'il fallait entendre par cette manière de s'exprimer; et bien que Méhémet-Ali ne voulût pas déclarer immédiatement toutes les concessions auxquelles il avait été disposé par les vives instances de la France, nous avons pris sur nous de les faire connaître, et nous avons annoncé que Méhémet-Ali se résignerait, au besoin, à accepter la possession de l'Egypte héréditaire et de la Syrie viagère, en abandonnant immédiatement Candie, Adana, les villes saintes. Nous ajouterons , que si la Porte avait adhéré à cet arrangement, nous aurions consenti à le garantir de concert avec les puissances qui s'occupent de régler le sort de l'empire ottoman.

Tous les esprits éclairés ont été frappés de la loyauté de la France, qui, bien que tenant une conduite séparée, ne cessait pas d'exercer son influence au profit d'une solution modérée et pacifique de la question d'Orient. Ils ont aussi été frappés de la sagesse avec laquelle le vice-roi écoutait les conseils de la prudence et de la modération.

En réponse à de telles concessions, la Porte, soit qu'elle ait agi spontanément, soit qu'elle ait agi par des conseils ir-réfléchis reçus sur les lieux mêmes ; la Porte, avant de pouvoir en référer à ses alliés, a répondu à la déférence du vice-roi par un acte de déchéance. Une telle conduite, aussi exorbitante qu'inattendue, excède même l'esprit du traité du 15 juillet, et dépasse les conséquences les plus extrêmes qu'on pouvait en tirer. Ce traité, que la France ne saurait invoquer, car elle n'y adhère point, mais qu'elle rappelle pour montrer la rapidité avec laquelle on est entraîné déjà à des conséquences dangereuses ; ce traité, dans le cas d'un refus absolu du vice-roi sur tous les points, laissait à la Porte la faculté de retirer ses premières offres, et d'en agir comme elle l'entendait, suivant ses intérêts et les conseils de ses al-liés ; mais il supposait deux choses : un refus absolu et pé-remptoire sur tous les points, de la part du vice-roi, et le re-cours aux conseils des quatre puissances. Or, rien de tout cela n'a eu lieu. Le vice-roi n'a point fait de refus absolu, et la Porte ne s'est pas même donné le temps de concerter une réponse avec ses alliés. Elle a répondu à des concessions inespérées par la déchéance ! Les quatre puissances ne sau-raient approuver une telle conduite, et nous savons en effet que plusieurs d'entre elles l'ont déjà désapprouvée. Lord Palmerston nous a fait déclarer qu'il ne fallait voir en cela qu'une mesure comminatoire sans conséquence effective et nécessaire. M. le comte Appony, s'entretenant avec moi sur ce sujet, m'a annoncé la même opinion de la part de son cabinet. Nous prenons acte volontiers de cette sage manifestation, et nous en prenons aussi occasion d'exprimer à cet égard les intentions de la France.

La France a déclaré qu'elle consacrerait tous ses moyens au maintien de la paix et de l'équilibre européen. C'est le cas d'expliquer clairement ce qu'elle a entendu par cette déclaration. En acceptant avec une religieuse fidélité l'état de l'Europe tel qu'il résultait des traités, la France a entendu que, pendant la paix générale, qui dure heureusement depuis 1815, cet état ne fût point changé, ni au profit, ni au détriment d'aucune des puissances existantes. C'est dans cette pensée qu'elle s'est toujours prononcée pour le maintien de l'empire ottoman. La race turque, par ses qualités nationales, méritait assurément pour elle-même le respect de son indépendance; mais les plus chers intérêts de l'Europe se rattachaient aussi à l'existence de l'empire turc. Cet empire, en succombant, ne pouvait servir qu'à augmenter les Etats voisins aux dépens de l'équilibre général; sa chute aurait entraîné un tel changement dans la proportion actuelle des grandes puissances, que la face du monde en aurait été changée. La France, et toutes les puissances avec elle, l'ont tellement senti, qu'elles se sont loyalement engagées à maintenir l'empire ottoman, quels que fussent leurs intérêts respectifs relativement à sa chute et à son maintien.

Mais l'intégrité de l'empire ottoman s'étend des bords de la mer Noire à ceux de la mer Rouge. Il importe autant de garantir l'indépendance de l'Egypte et de la Syrie que l'indépendance du Bosphore et des Dardanelles. Un prince vassal a réussi à créer une administration ferme dans deux provinces que, depuis long-temps, les sultans de Constantinople n'avaient pu gouverner. Ce prince vassal, s'il n'a pas fait régner dans les provinces qu'il régit l'humanité de la civilisation européenne, que peut-être ne comportent pas les mœurs des pays qu'il administre, y a fait prévaloir plus d'ordre et de régularité que dans aucune partie de l'empire turc. Il a su créer une force publique, une armée, une marine; il a relevé l'orgueil du peuple ottoman, et lui a rendu un peu de cette confiance en lui-même qui est indispensable pour qu'il puisse défendre son indépendance. Ce prince vassal est devenu, suivant nous, partie essentielle de l'empire ottoman. S'il était détruit, l'empire n'acquerrait pas aujourd'hui les moyens qui lui ont manqué autrefois pour gouverner la Syrie et l'Egypte, et il perdrait un vassal qui fait maintenant l'une de ses principales forces. Il aurait des pachas insoumis envers leurs maîtres et dépendans de toutes les influences étrangères. En un mot, une partie de l'intégrité de l'empire turc serait compromise, et avec une partie de cette intégrité, une partie de l'équilibre général, dans l'opinion de la France; le vice-roi d'Egypte, par les provinces qu'il administre, par les mers sur lesquelles s'exerce son action, est nécessaire pour assurer les proportions actuellement existantes entre les divers Etats du monde.

Dans cette conviction la France, aussi désintéressée dans la question d'Orient que les quatre puissances qui ont signé le protocole du 17 septembre, se croit obligée de déclarer que la déchéance du vice-roi, mise à exécution, serait à ses yeux une atteinte à l'équilibre général. On a pu livrer aux chances de la guerre, actuellement engagée, la question des limites qui doivent séparer en Syrie les possessions du sultan et du vice-roi d'Egypte; mais la France ne saurait abandonner à de telles chances l'existence de Méhémet-Ali comme prince vassal de l'empire. Quelle que soit la limite territoriale qui les séparera par suite des événemens de la guerre, leur double existence est nécessaire à l'Europe, et la France ne saurait admettre la suppression de l'une ou de l'autre. Disposée à prendre part à tout arrangement acceptable qui aurait pour base la double garantie de l'existence du sultan et du vice-roi d'Egypte, elle se borne dans ce moment à déclarer que, pour sa part, elle ne pourrait consentir à la mise à exécution de l'acte de déchéance prononcé à Constantinople.

Du reste, les manifestations spontanées de plusieurs des puissances signataires du traité du 15 juillet, nous prouvent qu'en cela nous entendons l'équilibre européen, comme elles-mêmes, et qu'en ce point nous ne les trouverons pas en désaccord avec nous. Nous regretterions ce désaccord que nous ne prévoyons pas ; mais nous ne saurions nous départir de cette manière d'entendre et d'assurer le maintien de l'équilibre général.

La France espère qu'on appréciera en Europe le motif qui la fait sortir du silence. On peut compter sur son amour de la paix, sentiment constant chez elle, malgré les procédés dont elle a cru avoir à se plaindre. On peut compter sur son désintéressement, car on ne saurait même la soupçonner d'aspirer en Orient à des acquisitions de territoire ; mais elle aspire à maintenir l'équilibre européen. Ce soin est remis à toutes les grandes puissances. Son maintien doit être leur gloire et leur principale ambition.

THIERS.

Le *Morning-Chronicle* avait été sommé, par les journaux de Londres, de répondre au *Memorandum* de M. Thiers. C'est le jour que M. Guizot est arrivé au ministère des affaires étrangères que l'organe de lord Palmerston a choisi pour publier sa réponse.

Voici comment il s'est exprimé :

« Pendant l'interrègne ministériel en France, il peut n'être pas inutile de commenter plus largement que nous n'a-

vons pu le faire à l'époque de son apparition, la réponse de
M. Thiers au *Mémorandum* de lord Palmerston. Cette réponse est plutôt de nature à fortifier qu'à effacer l'impres-
sion produite sur l'esprit public par ce document bien rédigé
et persuasif. Les sophismes du ministre français sont assez
apparens pour faire suspecter la sincérité et la bonne foi des
déclarations plausibles qui s'y trouvent renfermées. Cette
défense peut être ainsi résumée : 1° justification de la ligne
politique suivie par la France en soutenant Méhémet-Ali ;
2° tentative de réfutation de l'accusation portée contre la
France d'avoir forcé les autres puissances à conclure un traité
séparé, par son refus opiniâtre de faire la moindre concession. Le ministre essaie de rejeter sur l'Angleterre la res-
ponsabilité d'avoir déserté l'alliance française sans motif suf-
fisant et sans avis préalable.

» D'abord, M. Thiers a beaucoup de peine à prouver que
la France n'est pas responsable d'avoir signé une note par laquelle elle s'engageait, de concert avec les autres puissances,
à maintenir l'indépendance et l'intégrité de l'empire ottoman,
puis d'avoir changé d'avis et insisté sur un arrangement qui
enlevait au sultan le tiers de ses domaines. Son argument
consiste à dire que l'indépendance et l'intégrité de l'empire
ottoman ne signifiaient pas que Méhémet-Ali dût être privé
des parties de territoire qu'il occupait, mais seulement que
les Russes ne pourraient pas occuper Constantinople en allé-
guant sa protection. En d'autres mots, une assurance for-
melle, à l'effet de maintenir absolument l'intégrité et l'indépendance de l'empire ottoman sans réserve, ne signifiait pas
autre chose que la promesse de la protéger contre un danger
spécial venant d'un côté tout spécial. En réponse à l'argument de lord Palmerston, que la Syrie est la clé militaire de
la Turquie d'Asie, et que sa possession est essentielle pour la
sûreté de toutes les provinces les plus riches et les plus im-
portantes de l'empire ottoman, il n'est allégué que de vagues

généralités sur la soumission que l'on pouvait attendre à l'avenir de Méhémet-Ali et sur l'injustice de le dépouiller des fruits de la victoire de Nezib. D'abord, les événemens ont prouvé combien il serait absurde d'attendre d'un rebelle ambitieux et heureux la soumission d'un fidèle vassal.

» Un rebelle, qui a deux fois rompu des lances contre son maître légitime, ne deviendra pas modéré et soumis parce qu'il aura triomphé. Quant au dernier argument, que la victoire constitue le droit, cela peut convenir dans les colonnes d'un journal français, mais un tel argument n'est d'aucun poids auprès d'un peuple qui, comme la nation anglaise, ne tire pas ses idées de justice d'actes heureux de violence. Cette partie du *factum* de M. Thiers est si faible que l'on est tenté de soupçonner derrière le rideau quelque chose de plus vigoureux, et l'on est tenté de croire que le gouvernement français, en prenant pour axiome fondamental de sa politique en Orient, l'occupation de la Syrie par Méhémet-Ali, même aux dépens d'une rupture avec l'Angleterre et toutes les autres puissances européennes, avait en réserve des raisons plus puissantes que les argumens frivoles, ostensibles dans ses correspondances diplomatiques. Cette opinion est confirmée, lorsque l'on considère que, d'après les preuves mêmes de M. Thiers, tous les objets que la France se proposait auraient été assurés par le simple fait de son adhésion au traité des quatre autres puissances. Il dit, au sujet de la politique française : « Elle a eu un noble objet, celui d'arrêter le vice-roi quand, changeant son rôle de vassal puissant mais soumis, en celui de vassal insoumis, il a menacé le trône de son maître, et de substituer à la protection exclusive d'une puissance celle des cinq grandes puissances de l'Europe. » Si telle était véritablement la politique de la France, nous demanderons à M. Thiers si les deux objets spécifiés n'auraient pas été parfaitement, pacifiquement et sûrement atteints par l'adhésion de la France au traité.

» Le premier de ces objets le serait infailliblement tant que Méhémet-Ali occupera militairement la Syrie et menacera le trône de son maître. Il cessera de le menacer à l'instant même où la Syrie lui aura été enlevée. Quant au deuxième objet, il est atteint déjà, et son exécution forme la base de ce traité auquel la France s'oppose comme à une mesure hostile. Toutefois, le danger que M. Thiers met en avant comme base principale de l'aversion de la France contre la politique des puissances alliées, savoir, le danger de la présence d'une armée russe à Constantinople, nécessaire pour la protection du Sultan, ce danger n'existe que par suite du refus de la France de s'associer aux autres puissances, même dans la situation actuelle et quand toute l'influence morale pèse dans la balance du côté du pacha ; il paraît à peu près certain que le traité sera exécuté sans l'intervention d'un seul soldat russe. Si la France s'était associée aux autres puissances, ou même si, se tenant à l'écart, elle n'avait pas encouragé Méhémet-Ali, il est moralement certain que cette probabilité aurait été convertie en une certitude absolue.

» Si l'on s'est trompé en essayant de justifier la politique de la France, on s'est trompé plus gravement encore lorsqu'on a voulu jeter sur le gouvernement anglais le blâme d'avoir rompu l'alliance française. L'argument est qu'au début des négociations l'Angleterre se défiait vivement de la Russie, et que par conséquent, en agissant plus tard de concert avec la Russie, elle s'est montrée inconséquente et a abandonné la France. La réponse est que la Russie n'était plus dans la même position, après avoir adhéré au principe de la conservation, de l'intégrité et de l'indépendance de l'empire ottoman, et renoncé à la prétention d'exercer un protectorat exclusif sur la Turquie. M. Thiers dit qu'au début des négociations il existait deux dangers, savoir : une agression de l'Egypte et le protectorat exclusif de la Turquie ; mais il ne dit pas (et cette erreur capitale existe dans toute sa note) qu'à mesure que les négociations ont avancé, ce dernier danger a disparu. La Russie s'engagea solennellement, d'accord avec les grandes puissances européennes, à faire tout ce que la France et l'Angleterre avaient le droit de demander ; elle abandonna le protectorat exclusif, et adopta sans réserve le principe auquel la paix de l'Europe et de l'Orient avait toujours été considérée comme subordonnée.

» La France a-t-elle le droit de faire une querelle à l'Angleterre, parce qu'elle a cru devoir accepter cette offre avantageuse ? Si nous eussions eu la folie de la rejeter et de nous jeter dans une guerre avec la Russie, qu'aurions-nous pu attendre de plus, comme récompense en cas de succès, qu'un traité de paix qui aurait imposé à la Russie les conditions qu'elle offrait spontanément ? D'ailleurs, nous dirons à M. Thiers que, malgré l'importance que nous attachons à l'alliance française, nous tenons plus fortement à notre caractère national qui se distingue par l'esprit d'équité, de bonne foi et de modération, et que nous ne saurions nous laisser entraîner à des hostilités non provoquées, en rejetant les offres raisonnables d'une puissance comme la Russie, avec laquelle nous sommes, sous tant de rapports, intéressés à rester en paix.

» La même remarque s'applique à cet argument de M. Thiers, que, dans le principe, les puissances n'étaient pas unanimes sur les objets qu'elles avaient en vue. Elles ont été unanimes dès que la Russie a adopté le principe du traité et que l'Angleterre a exposé son plan pour l'exécuter. Dès ce moment, il n'y a eu d'autres modifications que celles qu'avait amenées l'extrême désir des alliés d'obtenir la coopération de la France en lui faisant des concessions raisonnables. D'un autre côté, les faits contredisent cette assertion que la France s'était montrée disposée à faire des concessions. M. Thiers espérait que les alliés abandonneraient la Syrie au pacha, et il dit que le traité l'a surpris. Mais il n'avait aucune raison pour s'attendre à un pareil résultat. D'ailleurs, eût-il pu prouver que la France désirait faire des concessions pour la paix, resterait toujours à savoir pourquoi, à l'occasion d'une question secondaire en ce qui concerne les limites de la Syrie, il a sacrifié l'alliance avec l'Angleterre dont il reconnaît l'importance ? Il avoue que la question de la Syrie n'avait pour la France qu'une importance secondaire, et cependant, au lieu de céder, le gouvernement français a pris une attitude qui devait infailliblement éloigner l'Angleterre de cette alliance intime avec la France qui avait si long-temps existé, et cela au risque d'allumer une guerre générale en Europe. »

DÉPÊCHE

Adressée par lord Palmerston, ministre des affaires étrangères, à lord Ponsonby.

« Milord,

» Le gouvernement de S. M. ayant pris en considération l'acte par lequel le sultan a ôté le pachalick d'Égypte à Méhémet-Ali, l'influence de cet acte sur les questions en suspens et la marche qu'il serait utile de suivre à cet égard, a invité les ambassadeurs d'Autriche, de Prusse et de Russie à la cour de Saint-James, à exposer à leurs gouvernemens respectifs qu'il y a incontestablement beaucoup de force dans les raisons qui, d'après les rapports de V. E., ont déterminé le Sultan à faire cette démarche, et que si, d'un côté, cette mesure n'empêche point le Sultan de réintégrer Méhémet-Ali, s'il se soumet promptement à son souverain, d'un autre côté, elle pourra exercer une haute influence morale sur Méhémet-Ali, en lui faisant comprendre que si la lutte entre lui et son souverain se prolongeait, et si cette lutte lui était défavorable, il perdrait tout par sa résistance opiniâtre. Dans ce but, et pour que l'exercice que le Sultan a cru devoir faire de son autorité hâte la solution de la question d'Orient, le gouvernement de S. M. pense qu'il serait convenable que les représentans des quatre puissances à Constantinople reçussent l'ordre de se rendre auprès du ministre turc, ét de lui déclarer que leurs gouvernemens respectifs, par application de l'art. 7 de l'acte séparé, annexé au traité du 15 juillet, recommandent vivement au Sultan de vouloir bien, dans le cas où Méhémet-Ali ferait promptement sa soumission et consentirait à rendre la flotte et à retirer ses troupes de la Syrie, d'Adana, de Candie et des villes saintes, non seulement réintégrer Méhémet-Ali dans son pachalik d'Égypte, mais lui accorder en outre l'hérédité de ce pachalik, conformément aux conditions spécifiées dans le traité du 15 juillet, et sous la menace de le retirer si Méhémet-Ali ou ses successeurs ne remplissaient pas ces conditions.

» Le gouvernement de S. M. a de fortes raisons pour croire que cette idée obtiendra le concours des gouvernemens de Russie, de Prusse et d'Autriche. V. E. fera par conséquent les démarches nécessaires aussitôt que ses collègues auront reçu de leurs gouvernemens respectifs leurs instructions. Si le Sultan jugeait à propos d'agir conformément à cet avis à lui donné par ses quatre alliés, il serait convenable qu'il prît des mesures immédiates pour faire connaître à Méhémet-Ali ses gracieuses intentions à cet égard. Dans ce cas, V. E. et sir Robert Stopford fourniraient au gouvernement turc toutes les facilités qu'il pourrait réclamer à cet effet.

» Londres, 15 octobre.

» A S. E. lord Ponsonby à Constantinople. »

TABLE DES MATIÈRES.

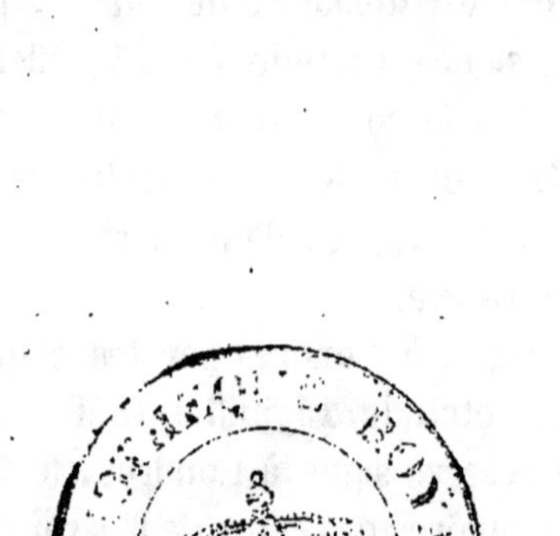